느린멜로디의
대바늘 손뜨개 수업

# SLOWMELODII
## 느린멜로디의 대바늘 손뜨개 수업

백혜선 지음

기초부터 차근차근 대바늘 기법과 느린멜로디만의 감성 소품 만들기

**팜파스**

## PROLOGUE

제가 '뜨개'를 좋아하는 이유가 뭘까 곰곰이 생각해본 적이 있어요.
단지 실과 바늘만으로 내 손에서 무언가가 만들어지기도 하지만,
더 깊이 들어가 보면 '나도 무언가를 하고 있다'는
자기 위안 때문인 것 같아요.

저는 남들보다 조금 느린 템포로 살아가요.

천천히 한 코씩 늘어가는 뜨개 조직이 주는 안도감과
나만의 템포에 맞춰 좋아하는 것들을 뜨는 그 순간을 즐기기 때문에,
제 뜨개를 대표하는 이름도 느린멜로디로 지었습니다.

그동안 많은 수업을 통해 제가 좋아하는 일을 같이 좋아해주는 사람들을 만나고,
발전하는 모습을 보며 큰 뿌듯함을 느꼈어요.

저도 혼자 뜨개를 해나가며 어렵다고 느낀 부분들이 많았고,
그 어려움을 누구보다 잘 알기에 최대한 쉽게 풀이하려고 노력했어요.

여러분의 템포에 맞춰 옆에서 수업을 듣는 것처럼
자상하고 친절한 책이 되었으면 좋겠습니다.

뜨개를 좋아해주셔서 고맙습니다.

# CONTENTS

**PRPLOGUE** ～ 5

**BASIC 01** ── 도구와 재료
    **01.** 도구 ～ 10
    **02.** 재료 ～ 12

**BASIC 02** ── 대바늘뜨기 시작하기
    **01.** 바늘 잡는 법 ～ 17
    **02.** 뜨개코의 명칭과 올바른 모양 ～ 18
    **03.** 겉뜨기와 안뜨기의 코 모양 바로알기 ～ 18
    **04.** 싱커 루프(Sinker loop) ～ 19

**BASIC 03** ── 여러 기법의 코 만들기
    **01.** 손가락으로 만드는 기초 코 ～ 20
    **02.** 별도 사슬로 만드는 기초 코 ～ 21
    **03.** 별도 사슬을 풀어서 코 줍기 ～ 24
    **04.** 공통 사슬로 만드는 기초 코 ～ 25

**BASIC 04** ── 이 책에 사용된 뜨개 기법 ～ 26

**BASIC 05** ── 그 외 여러 가지 테크닉
    **01.** 뜨개를 하는 도중 실 바꾸기 ～ 33
    **02.** 여러 코 오므리기 ～ 34
    **03.** 솔기 잇기 ～ 35
    **04.** 솔기 잇기 도중 실이 부족할 때 ～ 35
    **05.** 메리야스 잇기 ～ 36
    **06.** 빼뜨기로 연결하기 ～ 36
    **07.** 메리야스 자수 ～ 37

## 작품

01-1. 가터뜨기 티 코스터

~ 42 ~

01-2. 메리야스 뜨기를 이용한 라벨 티 코스터

~ 48 ~

01-3. 아이코드 엣징을 이용한 티 코스터

~ 54 ~

02. 선인장

~ 63 ~

**03. 의자다리 커버**
~ 74 ~

**04. 걱정인형**
~ 81 ~

**05. 윈도패인 블랭킷**
~ 90 ~

**06. 로그캐빈 블랭킷**
~ 101 ~

**07. 교차무늬 얀백**
~ 108 ~

**08. 배색 핸드워머**
~ 119 ~

**09. 고무뜨기 기본형 비니**
~ 130 ~

**10. 레트로 파우치**
~ 139 ~

**11. 스퀘어 파우치**

~ 150 ~

**12. TOE UP 아일렛 무늬 양말**

~ 161 ~

**13. TOE UP 아일렛 메리제인 덧신**

~ 174 ~

**14. CUFF DOWN 메리야스 양말**

~ 187 ~

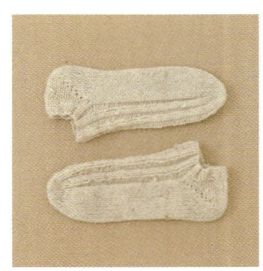

**15. CUFF DOWN 고무뜨기 양말**

~ 196 ~

**16. CUFF DOWN 기법으로 뜨는 아기 양말**

~ 207 ~

**17. I AM 풀오버**

~ 218 ~

**18. 블루 서머 풀오버**

~ 235 ~

# BASIC 01

## 도구와 재료

### 01. 도구

① **줄바늘(Circular Needle)** 뾰족한 양쪽 바늘을 가느다란 튜브로 연결한 형태의 바늘입니다. 주로 원통형 작업물이나 막힘바늘(Single Pointed Needle)로 작업하기에 폭이 긴 편물을 뜰 때 사용합니다. 튜브의 길이와 바늘의 길이는 다양하며 작업물의 길이에 따라 튜브 길이를 달리하여 뜨면 훨씬 수월합니다.

② **장갑바늘(Double Pointed Needles)** 양 끝이 뾰족한 형태의 바늘입니다. 짧은 길이의 편물이나 원통형 작업물을 뜰 때 바늘을 바꿔가며 사용합니다. 마찬가지로 바늘의 길이와 소재는 다양합니다.

③ **막힘바늘(Single Pointed Needle)** 한쪽 끝이 막혀 있는 형태의 바늘입니다. 한쪽 끝이 막혀 있기 때문에 편물이 밀려도 코가 빠지지 않아 유용합니다. 너무 긴 길이의 막힘바늘은 팔꿈치나 테이블에 걸려 사용하기 어려울 때도 있습니다.

④ **코바늘(Crochet Hook)** 바늘 끝이 갈고리 모양으로 생긴 바늘입니다. 이 책에서는 기초 코를 만들거나 덧수를 놓을 때 사용됩니다.

⑤ **교차무늬 바늘(Cable Needle)** 교차무늬를 고르게 뜨기 위해 사용하는 바늘입니다.

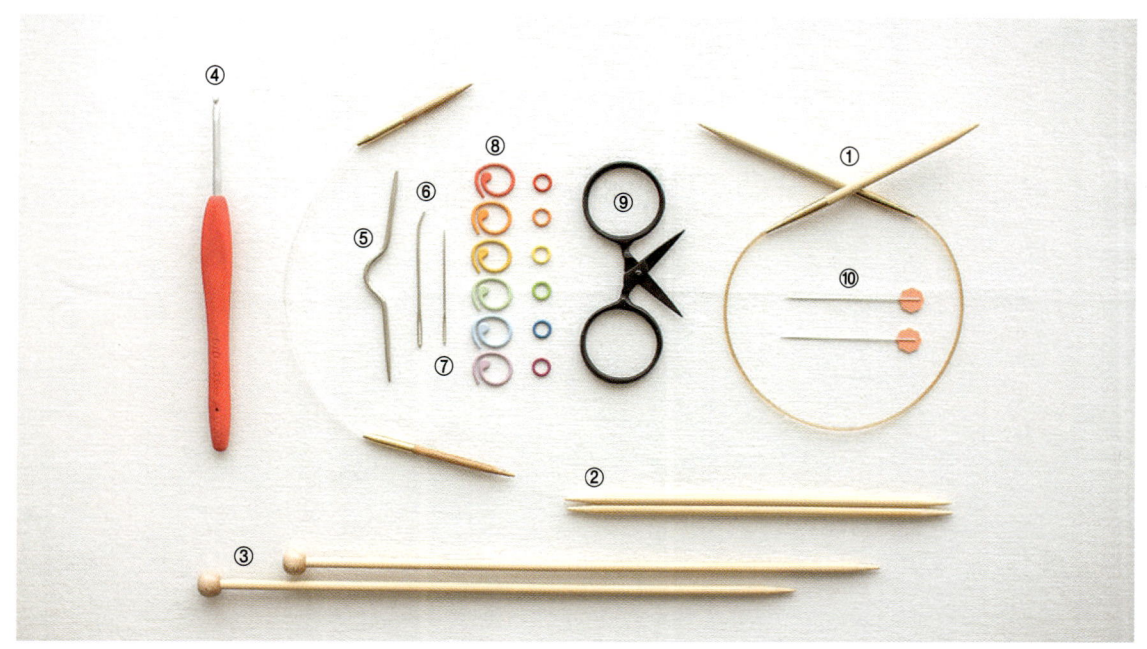

⑥ **끝이 구부러진 돗바늘(Tapestry Needle)** 메리야스 자수를 놓거나 솔기를 잇는 등의 작업에 사용하는 돗바늘입니다.

⑦ **끝이 뾰족한 돗바늘(Sharp Point Needle)** 뜨기가 끝난 뒤 남은 실을 정리할 때 쓰는 돗바늘입니다. 코를 관통하며 실을 정리하기 때문에 바늘 끝이 뾰족하고 귀가 작은 것을 선택해야 코가 늘어지지 않습니다.

⑧ **콧수, 단수 마커(Ring Markers)** 큰 크기의 작업물인 경우 콧수와 단수가 많고 구역이 여러 개로 나뉠 수 있기 때문에 이런 마커를 이용해 표시해두면 혹시 모를 실수에 대비할 수 있습니다.

⑨ **가위(Scissor)** 대바늘 뜨기에서 가위는 실 끝을 자르는 용도 외에는 사용되지 않으므로 크지 않은 휴대성이 편리한 가위를 준비하는 것이 좋습니다.

⑩ **시침핀(Pins)** 편물의 가장자리를 고정시켜 스팀을 쐬어 모양을 바로잡거나 인형을 뜰 때 팔, 다리를 고정시키는 용도로 주로 사용됩니다.

## 02. 재료

꼭 양의 털로 만들지 않았더라도 넓은 의미로 산양류, 낙타류 등의 털을 깎아 만든 실을 모사(毛絲, Wool)라고 합니다. 이 책에서는 소재에 중점을 두기보다는 색감이 주는 느낌에 치중해 작품을 만들어 100% 모사가 아닌 혼용사(면과의 혼용사, 아크릴과의 혼용사 등)도 사용했습니다.

또한 연사(撚絲), 즉 꼬임(Twisting)이 있는 실을 사용하기도 했고, 꼬임이 전혀 없는 합사(合絲) 형태의 실을 사용하기도 했습니다. 각각의 텍스처가 주는 느낌이 다르니 작품에서 활용된 예를 살펴봐주세요.

### 꼬임에 따른 종류

① **합사(合絲)** 사진과 같이 여러 가닥의 실이 꼬임 없이 뭉쳐 연결되어 있는 종류의 실을 합사라고 합니다. 이 외에도 서로 다른 실을 합쳐서 작업할 때도 '합사'라는 단어를 사용합니다.

실의 올수에 따라 ○합이라고 표현되며, 꼬임이 없기 때문에 작업 도중 실이 밀리거나 빠질 수 있어 초보자들이 작업하기에는 약간의 어려움이 있는 실입니다.

② **연사(撚絲)** 사진과 같이 두 가닥 이상의 실이 서로 꼬여 연결되어 있는 실을 연사라고 합니다. 합사에 비해 통통한 텍스처가 특징이며, 작업 도중 실이 갈라질 위험이 적어 초보자가 작업하기 알맞습니다.

③ **튜브사(Tube絲)** 사진과 같이 한 가닥의 실이 여러 갈래의 실로 짜인 모양을 하고 있습니다. 실 자체에 짜임이 있어 독자적 장력을 갖고 있다 보니 당겨 뜨는 버릇을 가지고 있는 니터에게는 어려움이 있을 수 있습니다. 이때

에는 다른 실과 합사하여 사용하면 단점을 조금 보완할 수 있습니다.

## 소재에 따른 종류

- **순모(純毛)** 울(Wool) 함유량 100%인 실입니다. 사진에 나열된 실이 모두 울 100% 실입니다. 순수 양털이 사용되어 보온성이 뛰어나지만, 간혹 거친 표면과 수축 현상이 일어나기도 합니다.

- **울 혼방사(Wool 混紡絲)** 울 외에도 다른 소재가 함께 가공되어 있는 실을 의미합니다. 산양류가 아닌 라마, 알카파 등의 소재가 함유되었을 수도 있고, 아크릴이나 나일론 등의 합성섬유가 함께 가공되어 무게가 가벼워지거나 소재가 조금 더 부드러워지는 역할을 하기도 합니다.

- **면 혼방사(綿 混紡絲)** 면과 다른 섬유가 함께 가공되어 있는 실을 의미합니다. 면만 사용했을 때 나타나는 무게나 장력, 편물의 휘어짐 등의 단점이 보완됩니다.

## 띠지 읽는 법

털실에는 모두 종이로 된 띠가 감겨 그 실의 기본 정보를 제공하고 있습니다. 생산된 국가에 따라 여러 가지 언어로 표기될 수 있지만 각 언어권의 주요 단어를 익혀두면 띠지 읽기는 어려운 일이 아니에요.

- **한국과 일본의 실 띠지 읽는 방법**
  ① **실 이름** 해당 실의 고유 이름
  ② **소재** 실의 성분 표시
  ③ **중량과 길이** 해당 실의 무게와 길이. 길이는 생략된 경우도 있음
  ④ **사용 바늘** 사용하기에 적당한 코바늘과 대바늘의 굵기 표시
  ⑤ **게이지 정보** 사방 10cm(4inch) 내에 몇 코와 몇 단인지에 대한 정보 표시
  ⑥ **세탁 정보** 해당 실의 성분에 따른 세탁 표기법
  ⑦ **색과 로트 번호** 해당 실의 색상 고유 번호와 염색된 시기를 나타내는 로트 정보 표시

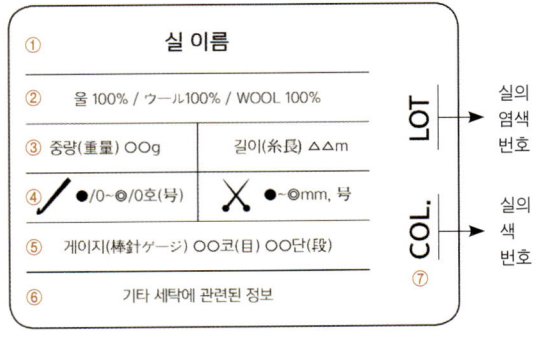

• 영·미권 실의 띠지 읽는 방법

① **실 이름** 해당 실의 고유 이름
② **소재** 실의 성분 표시
③ **실의 기본적인 정보 제공**
  • 나라별 바늘 굵기에 대한 표기법이 다르므로 여러 정보를 한꺼번에 표기하기도 함
  • 게이지의 경우 코는 stitch의 약어인 sts, 단은 round의 약어인 rnd로 주로 표기
⑥ **세탁 정보** 해당 실의 성분에 따른 세탁 표기법
⑦ **색과 로트 번호** 해당 실의 색상 고유 번호와 염색된 시기를 나타내는 로트 정보 표시

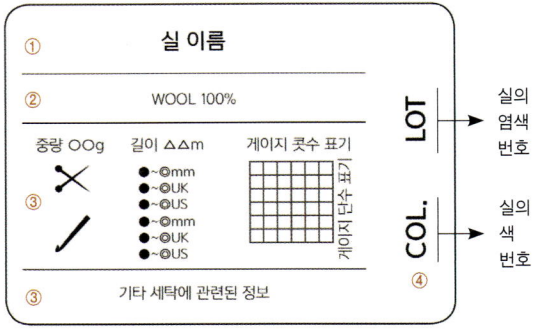

## 바늘 표기

우리나라의 경우 대바늘의 단위는 0.5mm 단위로 점점 커지고, 일본의 경우 0.3mm 단위, 영어권의 경우 0.25mm 단위로 바늘이 커집니다. 다만, mm 그대로 표기하는 경우는 우리나라뿐이에요. 일본의 경우 3号(3mm)를 기준으로 숫자가 늘어날수록 0.3mm씩 굵어지며, 영어권 바늘의 경우 앞에 'US'라는 숫자가 붙어서 바늘 굵기를 표시하니, 바늘을 구매할 때 원산지와 표기법에 따라 혼동 없이 구매할 수 있도록 합니다.

| 대한민국 | 일본 | 미국 |
|---|---|---|
| 2.0mm | 0호(2.0mm) | US0(2.00mm) |
| | | US1(2.25mm) |
| 2.5mm | 1호(2.4mm) | US1.5(2.50mm) |
| | 2호(2.7mm) | US2(2.75mm) |
| 3.0mm | 3호(3.0mm) | US2.5(3.00mm) |
| | 4호(3.3mm) | US3(3.25mm) |
| 3.5mm | 5호(3.6mm) | US4(3.50mm) |
| | 6호(3.9mm) | US5(3.75mm) |
| 4.0mm | 7호(4.2mm) | US6(4.00mm) |
| 4.5mm | 8호(4.5mm) | US7(4.50mm) |
| 5.0mm | 10호(5.1mm) | US8(5.00mm) |
| 5.5mm | 11호(5.4mm) | US9(5.50mm) |
| 6.0mm | 13호(6.0mm) | US10(6.00mm) |
| | 15호(6.6mm) | US10.5(6.50mm) |
| 7.0mm | 7.0mm | 7.00mm |
| | | 7.50mm |
| 8.0mm | 8.0mm | US11(8.00mm) |
| | | US13(9.00mm) |
| 10.0mm | 10.0mm | US15(10.00mm) |

## 게이지란

대바늘 뜨기에서 '게이지'란 사방 10cm(4inch) 안에 들어가는 콧수와 단수를 의미합니다. 보통은 메리야스 뜨기에서의 게이지 표시가 일반적이며, 경우에 따라 10cm 단위가 아닌 무늬 단위로 표시할 때도 있어요.

아래 사진의 경우, 이 책에 수록된 '교차무늬 얀백'과 '레트로 파우치' 게이지 정보입니다. 다른 실로 뜨더라도 미리 나온 게이지 정보를 통해 비슷한 크기의 작품을 얼마든지 만들 수 있어요.

1. 먼저 뜨려는 실로 게이지를 내봅니다.
   게이지가 10cm 이내의 콧수와 단수의 정보라고 해서 정확하게 10cm만 작업하면 오차범위가 커질 수 있기 때문에 사방 15cm 이상이 나오도록 메리야스 뜨기를 하거나 무늬의 시험 뜨기를 해봅니다.
2. 시험 뜨기 후, 스팀 다리미를 통해 편물의 모양을 고르게 잡아주거나 가볍게 물세탁 후 타월 드라이(Towel Dry) 하여 완전 건조합니다.
3. 평평한 곳에 편물을 두고 치수를 잽니다. 10cm 내의 무늬 혹은 무늬가 작다면 해당 무늬 자체의 치수를 잽니다. 간단한 비례식을 통해 도안을 수정하거나 비슷한 굵기의 실로 원하는 크기의 편물을 만들 수 있습니다.

아래의 두 가지 무늬를 통한 예시를 참고하여 실제 뜰 때 활용해주세요.

## 교차무늬 얀백 게이지 정보

내가 뜨려고 하는 실을 가지고 교차무늬와 안메리야스 무늬의 시험 뜨기를 해본 뒤, 교차무늬 한 무늬의 크기와

안메리야스 무늬의 게이지 정보를 구합니다. 안메리야스 무늬의 경우 안면의 겉메리야스에서 콧수와 단수를 세면 무늬가 더 쉽게 보입니다.
교차무늬 얀백의 경우 가운데에 교차무늬가 있고 양옆으로 안메리야스가 감싼 구조이므로, 내가 구한 교차무늬의 너비가 정해지면 나머지 안메리야스의 콧수와 단수는 원하는 가방의 크기에 따라 얼마든지 달라질 수 있습니다.

예시 :
- 시험 뜨기한 교차무늬 한 무늬(15코 10단)의 게이지 정보가 8×6cm
- 시험 뜨기한 메리야스 무늬의 게이지 정보가 10cm당 20코 26단
- [가로 40cm×세로 40cm]의 가방을 만들고 싶을 때:
'안메리야스(16cm)+교차무늬(8cm)+안메리야스(16cm)' → '(16cm×1cm 게이지 2코)+15코+(16cm×1cm 게이지 2코)=79코+2코(양옆 가장자리 시접코)' 총 81코를 잡고 시작하면 됩니다. 단수는 뜨면서 조정하거나 원하는 길이에 맞춰 콧수와 마찬가지로 비례식을 세울 수 있어요. 서로 다른 무늬의 세로 게이지 정보가 다른 경우 한쪽의 세로 길이 맞춰 단수를 떠주면 되는데, 이 경우 교차무늬의 무늬 배열이 우선이 되는 편이 작품의 완성도가 높아집니다.

## 레트로 파우치 게이지 정보
내가 뜨려는 실로 깅엄 체크무늬의 시험 뜨기를 해본 뒤 게이지 정보를 구합니다.

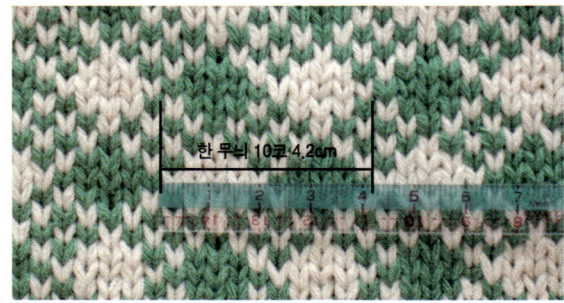 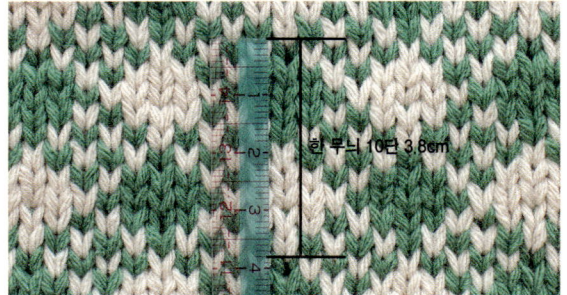

예시 :
- 시험 뜨기한 깅엄 체크 한 무늬(10코 10단)의 게이지 정보가 6×4cm
- [가로 30cm×세로 12cm]의 파우치를 만들고 싶다면,
'10코 : 6cm=x코 : 30cm'의 비례식을 통해 x값인 50코를 구합니다. 양옆 가장자리 시접코 2코를 포함하여 총 52코의 콧수로 뜨기를 시작할 수 있습니다. 마찬가지로 세로 길이 또한 '10단 : 4cm=y단 : 12cm'의 비례식을 통해 y값인 30단을 알아낼 수 있습니다. 만약 이렇게 알아낸 단이 깅엄 체크 한 무늬(10단)의 배수라면 그대로 뜨면 되고, 수가 맞지 않다면 단의 증감을 통해 조정할 수 있습니다.

# BASIC 02
## 대바늘뜨기 시작하기

## 01. 바늘 잡는 법

### 컨티넨털 뜨기(프랑스식)
왼손 검지에 실을 거는 방법으로, 뜨기를 할 때 실의 동선이 짧아 아메리칸 뜨기와 비교해 짧은 시간이 소요됩니다.

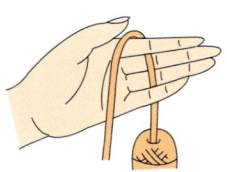

왼손에 실을 거는 방법

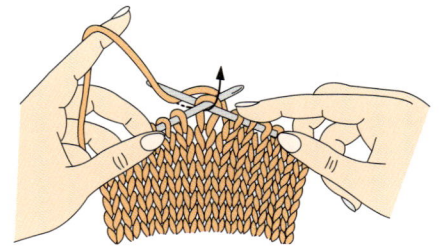

### 아메리칸 뜨기(미국식)
오른손 검지에 실을 거는 방법으로, 대바늘 뜨기를 처음 접할 때 많이 배우게 되는 방법입니다.

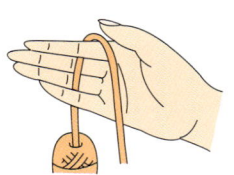

오른손에 실을 거는 방법

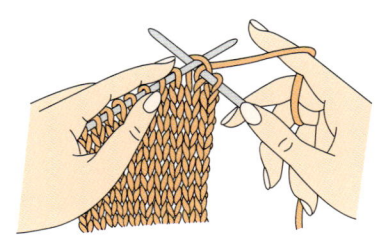

## 02. 뜨개코의 명칭과 올바른 모양

바늘에 걸린 뜨개코가 올바른지 알 수 있는 방법은 뜨개코의 루프(Loop)가 어떤 모양으로 바늘에 걸려 있는지 잘 익혀두는 것입니다. 루프 하나를 반으로 나눈다고 생각했을 때, 오른쪽 루프는 바늘의 앞으로 오게 되고, 왼쪽 루프는 바늘의 뒤로 넘어가게 걸려야 코가 올바르게 위치한 모습입니다.
꼬아뜨기 등 특수한 경우, 그 반대로 루프가 걸리게 되니 참고해주세요.

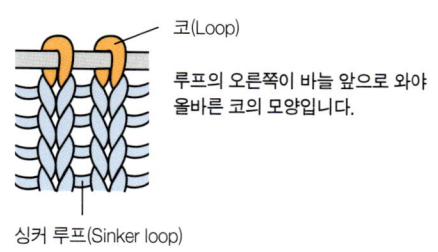

## 03. 겉뜨기와 안뜨기의 코 모양 바로 알기

그림을 살펴보면 겉뜨기 한 코의 모양은 V 모양, 안뜨기 한 코의 모양은 ∩ 모양입니다.
바로 겉뜨기 코의 V 모양의 가려진 뒷부분이 안뜨기 머리코 모양인 ∩ 이기 때문이에요.
마찬가지로 안뜨기의 머리코 모양인 ∩ 모양의 가려진 앞부분은 겉뜨기의 코 모양인 V 모양입니다.
편물의 콧수와 단수를 셀 때는 이 모양을 유의하며 셉니다.

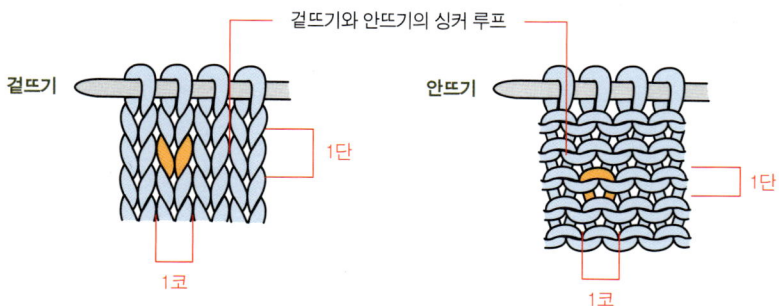

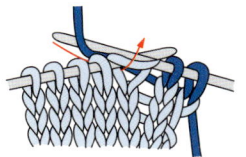

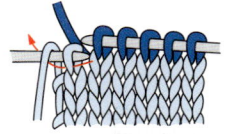

**겉면 왼쪽**

**04** 같은 방법으로 한 코가 남을 때까지 뜹니다.

**05** 마지막 코는 그림과 같이 코의 루프를 뒤집어 왼쪽 루프가 앞으로 오게 고쳐 건 뒤, 실꼬리를 뒤에서 앞으로 걸어주세요. 그다음 오른쪽 바늘을 코의 뒤쪽으로 넣어 두 가닥의 실을 한꺼번에 뜨고 실꼬리를 살짝 당겨 마지막 코의 크기를 조절합니다.

**06** 별실을 풀어 코를 줍고 첫 단이 떠진 모습입니다.

## 04. 공통 사슬로 만드는 기초 코

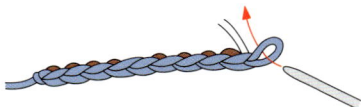

**01** 작품을 뜨는 실로 필요한 코의 사슬 코를 만듭니다. 이때 대바늘과 굵기(mm)가 같거나 한 치수 큰 코바늘로 사슬을 만들어야 밑단의 모양이 말리지 않고 예쁘게 완성됩니다.
사슬을 다 만들었다면 코바늘을 빼낸 자리에 그대로 대바늘을 끼우는데, 이 코가 첫 코입니다.

**02** 남은 코는 사슬산에서 주워 겉뜨기하듯 떠 주는데, 이미 첫 코는 만들었기 때문에 두 번째 사슬산부터 코를 줍습니다.

# BASIC 04

## 이 책에 사용된 뜨개 기법

| | 겉뜨기

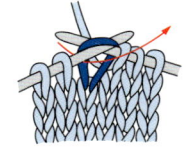 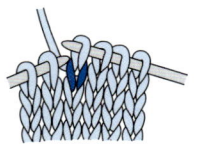

**01** 오른쪽 바늘을 코의 안쪽에서 바깥으로 찔러 넣어 실을 밖에서 안으로 감습니다.

**02** 그대로 오른쪽 바늘에 실을 걸어 빼내면 왼쪽의 가장 첫 코가 오른쪽에 새로 생긴 코의 아래에 위치합니다.

— 안뜨기

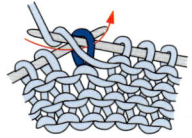 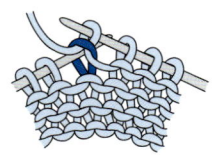

**01** 오른쪽 바늘을 코 안쪽의 오른쪽으로부터 찔러 넣어 실을 안으로 감습니다.

**02** 그대로 오른쪽 바늘에 실을 걸어 빼내면 왼쪽의 가장 첫 코가 오른쪽에 새로 생긴 코의 아래에 위치합니다.

꼬아뜨기

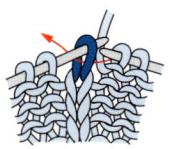
**01** 루프의 뒤쪽으로 오른쪽 바늘을 넣습니다.

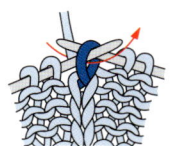
**02-03** 겉뜨기 하듯 실을 걸어 빼내옵니다.

**04** 루프가 꼬인 채로 겉뜨기 된 모습입니다. 이렇게 뜨는 것이 꼬아뜨기입니다.

---

V 걸러 뜨기
(한 단의 경우)

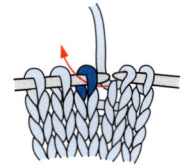
**01** 걸러 떠야 할 차례의 코가 오면 루프 모양이 뒤집어지지 않도록 안뜨기를 하듯 바늘을 넣어 뜨지 않고 그대로 옮깁니다.

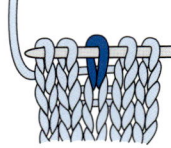
**02** 걸러 뜨기 다음 코는 기호에 맞게 떠주세요. 편물의 겉에서 봤을 때 걸러 뜨기 한 코의 뒤로 실이 지나가게 됩니다.

---

 왼코 모아뜨기

겉면

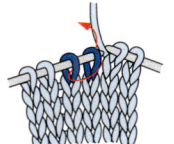
**01** 왼코 모아뜨기할 두 코의 왼쪽에서 한꺼번에 오른쪽 바늘을 넣어주세요.

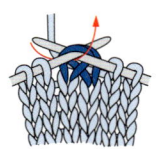
**02** 겉뜨기 하듯 실을 걸어 빼내옵니다.

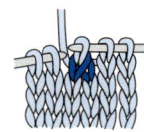
**03** 왼쪽 루프가 위로 올라온 모양으로 왼코 모아뜨기 한 모습입니다.

---

**안면** ★ 같은 왼코 모아뜨기 기호여도 안면에서 바라보며 뜰 때는 겉에서 본 결과물이 왼코 모아뜨기처럼 되도록 작업해야 합니다.

**01** 왼코 모아뜨기 할 두 코 중 첫 번째 코를 뜨지 않고 오른쪽 바늘로 옮기는데, 이때 안뜨기 하듯 바늘을 넣어 루프 모양대로 옮겨주세요.

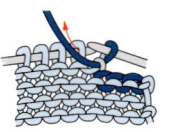
**02** 두 번째 코는 안뜨기 합니다.

덮어씌운다.

**03** 뜨지 않고 옮긴 코를 덮어씌웁니다. 편물을 돌려 겉에서 바라보면 왼코 모아뜨기의 모습입니다.

## 오른코 모아뜨기

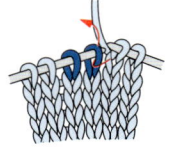 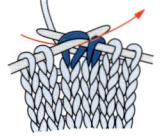 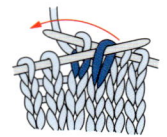 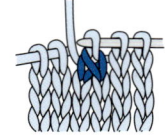

**01** 오른코 모아뜨기 할 두 코 중 첫 번째 코를 뜨지 않고 오른쪽 바늘로 옮기는데, 이때 겉뜨기 하듯 바늘을 넣어 루프 모양이 뒤집히도록 옮겨주세요.

**02** 두 번째 코는 겉뜨기 합니다.

**03** 뜨지 않고 옮긴 코를 덮어 씌웁니다.

**04** 오른쪽 루프가 위로 올라온 모양의 오른코 모아뜨기 모습입니다.

## 왼코 모아 안뜨기 (왼코 모아뜨기를 안면을 바라보며 한 것과 헷갈리지 않도록 유의합니다.)

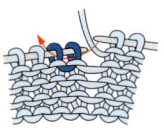 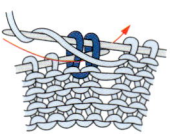 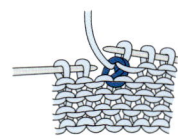

**01** 안뜨기 편물이 겉이 되는 안메리야스의 경우 왼코 모아뜨기 방법입니다. 왼코 모아 안뜨기 할 두 코의 오른쪽에서 한꺼번에 바늘을 넣어주세요.

**02** 두 개의 코를 동시에 안뜨기 합니다.

**03** 왼쪽 루프가 위로 올라온 안뜨기 모양의 왼코 모아 안뜨기 모습입니다.

## 중심 3코 모아뜨기

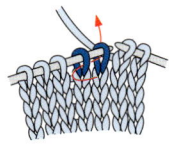 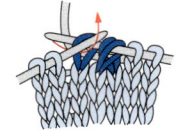 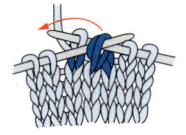 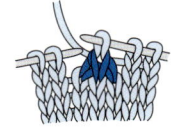

**01** 중심 3코 모아뜨기 할 3코 중 처음 두 개의 코를 뜨지 않고 오른쪽 바늘로 옮기는데, 이때 겉뜨기 하듯 바늘을 넣어 루프 모양이 뒤집히도록 옮겨주세요.

**02** 세 번째 코는 겉뜨기 합니다.

**03** 뜨지 않고 옮긴 두 개의 코를 한꺼번에 덮어씌웁니다.

**04** 3개의 코 중 가운데 코가 위로 올라온 모양의 중심 3코 모아뜨기의 모습입니다.

## 바늘 비우기

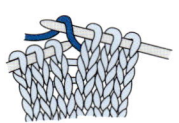  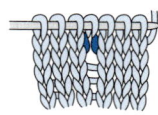

**01** 뜨던 실을 앞으로 보내 올바른 루프 모양과 같이 오른쪽 루프가 앞으로, 왼쪽 루프가 뒤로 가게 실을 한 번 걸어줍니다.

**02** 그다음 코는 기호도에 맞춰 뜹니다.

**03** 바늘 비우기를 통해 한 코가 늘어난 모습입니다.

## 꼬아 코 늘리기

### ♀ 꼬아 왼코 늘리기(편물 끝의 오른쪽 혹은 래글런의 오른쪽에서 사용)

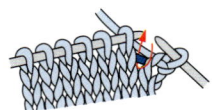 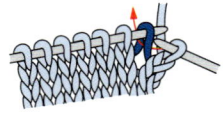 

**01** 코를 늘려야 하는 지점에서 왼쪽 바늘로 싱커 루프를 들어 올려 바늘을 걸어줍니다. 이때 올바른 루프 모양으로 걸어주세요.

**02** 오른쪽 바늘을 뒤쪽으로 넣어 실을 걸어 빼내옵니다.

**03** 왼쪽으로 교차되는 부분이 겉으로 오는 모양으로 코가 늘어납니다.

### ♀ 꼬아 오른코 늘리기(편물 끝의 왼쪽 혹은 래글런의 왼쪽에서 사용)

**01** 코를 늘려야 하는 지점에서 왼쪽 바늘로 싱커 루프를 들어 올려 바늘을 겁니다. 이때 올바른 루프 모양의 반대로 걸어주세요.

**02** 오른쪽 바늘을 왼쪽 앞에서부터 넣어 실을 걸어 빼내옵니다.

**03** 오른쪽으로 교차되는 부분이 겉으로 오는 모양으로 코가 늘어납니다.

## 코 엎기 (코를 엎을 때는 주로 아랫단의 무늬와 동일하게 엎어줍니다.)

### ● 메리야스 뜨기일 때

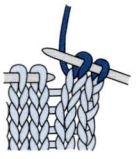  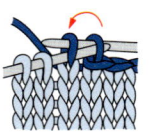 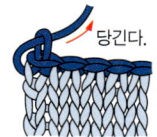

**01** 처음 두 코를 각각 겉뜨기합니다.

**02** 첫 번째 겉뜨기 코에 왼쪽 바늘을 넣어 오른쪽 바늘에서 빼내어 덮어씌웁니다.

**03** 겉뜨기를 한 코 떠서 겉뜨기 코가 두 개가 되면 첫 번째 겉뜨기 코에 왼쪽 바늘을 넣어 오른쪽 바늘에서 빼내어 덮어씌웁니다. 이를 반복합니다.

**04** 모두 코를 엎고 한 코가 남으면 실 끝을 마지막 코의 루프에 통과시켜 적당한 힘으로 당겨주세요.

##  안메리야스 뜨기일 때

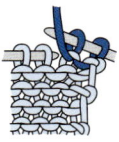  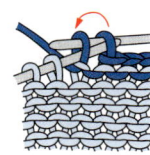 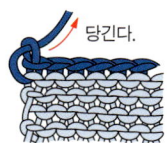

**01** 처음 두 코를 각각 안뜨기 합니다.

**02** 첫 번째 안뜨기 코에 왼쪽 바늘을 넣어 오른쪽 바늘에서 빼내어 덮어씌웁니다.

**03** 안뜨기를 한 코 떠서 안뜨기 코가 두 개가 되면 첫 번째 안뜨기 코에 왼쪽 바늘을 넣어 오른쪽 바늘에서 빼내어 덮어씌웁니다. 이를 반복합니다.

**04** 모두 코를 엎고 한 코가 남으면 실 끝을 마지막 코의 루프에 통과시켜 적당한 힘으로 당겨주세요.

## 가터뜨기일 때

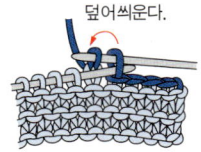

메리야스 뜨기와 같은 방법입니다.

## 1코 고무뜨기일 때

 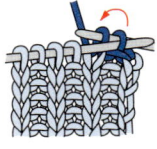 

**01** 아랫단의 무늬를 보며 겉뜨기는 겉뜨기, 안뜨기는 안뜨기를 뜨며 코를 덮어씌웁니다.

**02** 다음 겉뜨기 코도 겉뜨기로 뜨고 코를 덮어씌웁니다.

**03** 각 무늬별로 겉뜨기와 안뜨기를 뜨며 코를 덮어씌우다가 마지막 한 코가 남으면 실 끝을 마지막 코의 루프에 통과시켜 적당한 힘으로 당겨주세요.

## 교차무늬

**01** 교차무늬 바늘을 왼쪽 바늘의 3코에 끼워 몸 바깥쪽으로 보냅니다.

**02** 덜어놓은 교차무늬 바늘 다음의 4코를 겉뜨기 합니다.

**03** 교차무늬 바늘의 코를 다시 왼쪽 바늘에 옮겨주세요.

**04** 옮긴 3코를 겉뜨기 하고, 다음 한 코도 겉뜨기 합니다.

**05** 교차무늬 바늘을 왼쪽 바늘의 4코에 끼워 몸 쪽으로 보냅니다.

**06** 덜어놓은 교차무늬 바늘 다음의 3코를 겉뜨기 합니다.

**07** 교차무늬 바늘의 코를 다시 왼쪽 바늘에 옮겨 겉뜨기 해주세요.

**08** 교차무늬를 모두 뜬 모습입니다.

# BASIC 05
## 그 외 여러 가지 테크닉

### 01. 뜨개를 하는 도중 실 바꾸기

**편물의 끝에서 실 바꾸기**
(실이 한 볼 이상 소요되는 작업물에서 실을 바꿀 땐 최대한 편물의 끝에서 실을 바꾸는 것이 좋습니다.)

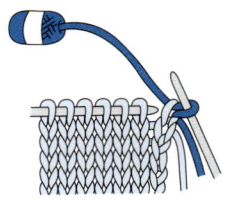

**01** 새 실의 끝을 정리할 수 있을 정도 (10cm)로 여유를 둔 채 바늘에 걸어 첫 번째 코를 뜹니다.

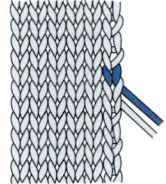

**02** 그대로 끝난 실과 새 실을 가장자리에 빼놓은 채, 새 실로 편물을 떠나 갑니다.

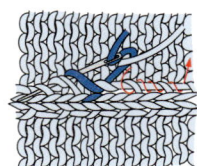

**03** 편물을 완성한 뒤 솔기를 이어 생긴 시접에 두 가닥의 실을 각각 다른 방향으로 꿰매어 정리합니다.

## 편물의 중간에서 실 바꾸기 (실의 중간에 매듭이 있거나 편물의 중간에서 실이 끊겨 돌아가기 애매할 때 사용합니다.)

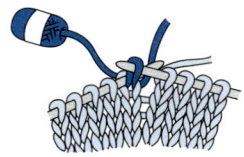 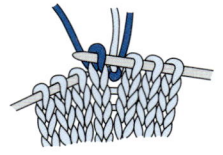 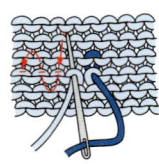 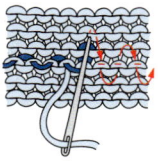

**01** 지금까지 뜨던 실꼬리와 새로운 실꼬리 모두 나중에 정리할 수 있을 만큼(10cm)의 여유를 둔 채, 새 실로 바꿔 나머지 편물을 뜹니다.

**02** 두 실이 자꾸 풀린다면 안면에서 임시로 가볍게 묶어두세요.

**03** 편물이 완성되고 실꼬리를 정리할 때, 임시로 묶었던 매듭을 풀어 정리합니다. 이때 오른쪽 실꼬리는 왼쪽 실꼬리가 빠져나온 루프로 한 번 통과시킨 뒤 왼쪽 방향의 코머리를 관통하며 지그재그로 정리합니다.

**04** 왼쪽 실꼬리는 오른쪽 실꼬리가 빠져나온 루프로 한 번 통과시킨 뒤 오른쪽 방향의 코머리를 관통하며 지그재그로 정리합니다.

## 02. 여러 코 오므리기 (모자의 머리 끝, 양말의 끝, 장갑의 손끝 등에 사용되는 방법입니다.)

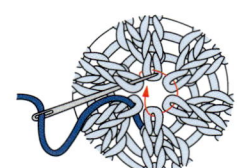

**콧수가 적을 때에는 한꺼번에 조여 마무리합니다.**
코의 루프 모양이 뒤집어지지 않도록 주의하며 모든 코에 실을 통과시킵니다.

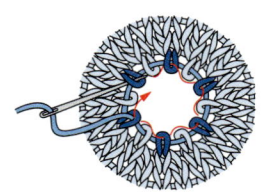

**콧수가 많을 때에는 두 번에 걸쳐 조여 마무리합니다.**
코의 루프 모양이 뒤집어지지 않도록 주의하며 한 코씩 건너 실을 통과시킨 뒤, 한 바퀴를 돌면 남은 코에 실을 통과시켜 조입니다.
이때 한꺼번에 실을 당기면 중간에 엉키거나 끊어질 수 있으므로 차근차근 먼저 통과시킨 코부터 실을 조여준 뒤 나머지 실을 조여주세요.

## 03. 솔기 잇기

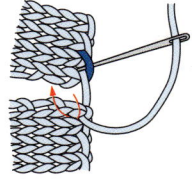 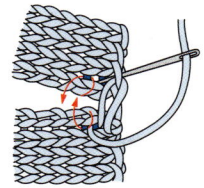 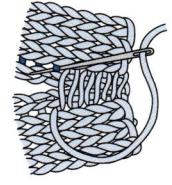

**01** 연결하려는 실이 없는 쪽의 편물에 먼저 돗바늘을 넣습니다. 이때 시접이 한 코가 맞는지 확인하며 넣어주세요. 반대쪽의 시접 한 코를 통과시켰다면 연결 실이 있는 편물의 기초 코에 돗바늘을 넣어주세요.

**02** 시접 한 코를 유지하며 싱커 루프에 하나씩 교대로 돗바늘을 통과시킵니다.

**03** 실이 너무 팽팽해지지 않도록 유의하며 시접이 안으로 말리도록 당겨 조여주세요.

## 04. 솔기 잇기 도중 실이 부족할 때

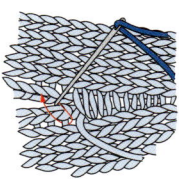 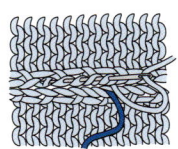

**01** 순서에 맞춰 솔기를 잇다가 실이 모자라면, 실끝을 정리할 수 있을 정도(10cm)로 남기고 새 실로 연결합니다. 이때 마지막으로 통과했던 좌우 싱커 루프를 한 번씩 중복하며 시작합니다.

**02** 끝난 실과 새로 시작한 실 두 가닥을 편물 안쪽으로 넣어 솔기를 연결하여 생긴 시접을 관통하며 정리합니다.

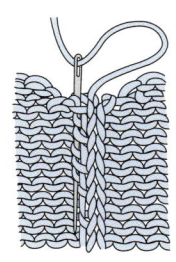

### 솔기 잇기가 끝나고 실을 정리할 때
솔기를 연결하여 생긴 시접을 관통하며 정리합니다.

## 05. 메리야스 잇기

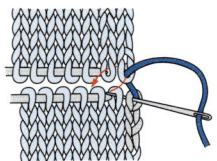

**01** 실꼬리가 달린 부분을 앞쪽으로, 연결해야 하는 부분을 뒤쪽으로 오게 하여 가장자리부터 루프 모양을 만들어나갑니다. 이때 실의 길이는 연결하려는 편물 너비의 3배만큼 남겨 준비합니다. 먼저 앞판 끝 코의 뒤에서 앞으로 돗바늘을 넣고, 뒷판 끝 코도 마찬가지로 돗바늘을 통과시킵니다.
그다음부터는 루프의 반 코와 반 코를 한 번에 연결합니다. 먼저 통과한 앞판 코의 가운데로 돗바늘을 넣어, 다시 그 왼쪽 코의 뒤에서 앞으로 돗바늘을 통과시킵니다.

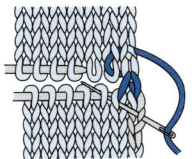 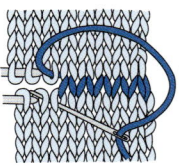 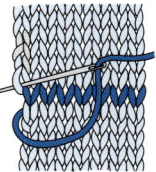

**02** 뒷판 코도 마찬가지로 돗바늘을 통과시키고, 앞판과 뒷판을 번갈아가며 반복합니다.

**03** 돗바늘이 들어가고 나오는 방향은 항상 겉에서 들어가 겉으로 나오는 방향임을 유의하며 작업합니다.

**04** 앞판부터 작업했기 때문에 뒷판에서 작업이 마무리됩니다. 뜨개 편물이 서로 반 코 어긋나므로 뒷판 코의 겉에서 가운데로 코를 빼내어 끝납니다.

## 06. 빼뜨기로 연결하기

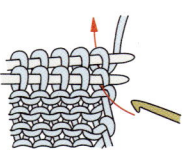 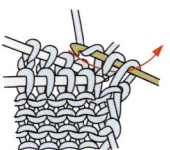 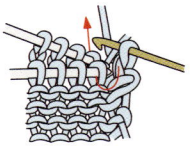

**01** 편물을 겉끼리 맞대어 코바늘을 이용해 걸뜨기 하듯 앞뒤 코에 걸어줍니다.

**02** 사슬뜨기를 하듯 실을 걸어 2코를 한꺼번에 빼냅니다.

**03** 다음 두 코에도 코바늘을 동시에 넣습니다.

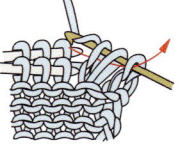 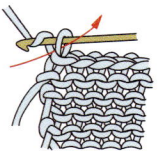

**04** 코바늘에 걸린 3코를 동시에 실을 걸어 빼냅니다.

**05** 02~04를 반복해 마지막 한 코가 남으면 루프 안으로 실을 빼내어 적당히 조입니다.

## 07. 메리야스 자수

**세로로 수놓기**(편물의 아래에서 위로 올라가는 모양이 더 예쁘게 완성됩니다.)

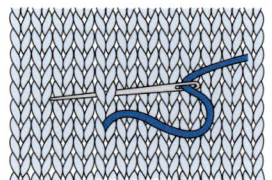 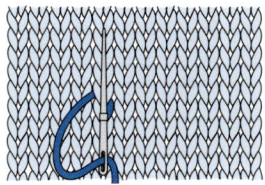 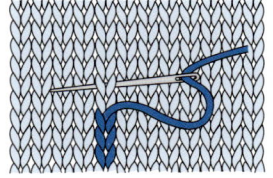

**01** 자수를 놓으려는 코의 가운데에서 실을 빼내 V 모양이 되도록 위의 루프 뒤로 바늘을 통과시킵니다.

**02** 다시 처음 바늘이 나왔던 코의 가운데로 돗바늘을 넣습니다.

**03** 01~02를 반복하며 수를 놓으려는 경로를 따라 이동합니다.

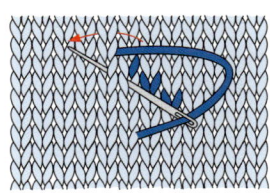

**사선으로 수놓기**

'세로로 수놓기'를 참고하여 V 모양의 수를 놓는데, 이때 주의할 점은 수를 놓으려는 방향을 최대한 유지해야 한다는 점입니다. 왼쪽으로 수를 놓는다면, V 의 오른쪽에 먼저 덧수가 놓이도록 유의해주세요.

# SLOWMELODII

## WORKS

작품

## 01-1

## 가터뜨기
## 티 코스터

정말 간단해요. 겉뜨기만으로도
얼마든지 예쁜 티 코스터를 만들 수 있어요.

작품 난이도 ★☆☆☆☆

# How to Make

### 재료

울 5g 내외

**바늘_** 장갑바늘(Double Pointed Needles) 3.5mm 2자루, 끝이 뾰족한 돗바늘

### 게이지
가터뜨기 한 무늬(1코 2단): 0.4×0.5cm

### 완성 크기
가로 8cm, 세로 8cm

### 무게
4g

### 필요한 뜨개 기법
손가락으로 만드는 기초 코 / 가터뜨기(모든 단에서 겉뜨기) / 코 옆기

### SLOWMELODII'S TIP
1. 시작 부분을 조이지 않게 작업하는데 익숙하지 않다면, 코 만들기 할 때 3.5mm 보다 한 치수 큰 바늘(4.0mm)로 코를 만듭니다.
2. 가터뜨기는 현재 뜨는 쪽의 겉뜨기가 반대면에 안뜨기 라인으로 보여집니다.
3. 가터뜨기의 단을 셀 때는 겉면을 보고 안뜨기 라인으로 단을 셉니다. 안면에서 뜬 겉뜨기가 겉면에 안뜨기 라인으로 보이므로 안뜨기 라인은 2단, 4단, 6단…과 같은 식으로 단을 셀 수 있습니다.

## 가터뜨기 티 코스터

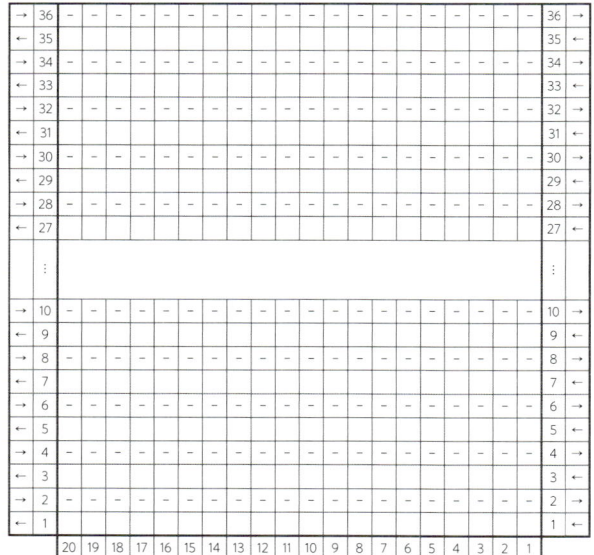

- □ 겉면에서 겉뜨기, 안면에서 안뜨기
- − 겉면에서 안뜨기, 안면에서 겉뜨기
- ● 엎어 코 마무리

SLOWMELODII

# 느린멜로디의
# 서술형 가이드

## 01. 코 만들기

**1단(겉면)**_ 실 끝에서 약 25cm 되는 부분부터 4.0mm 바늘을 사용해 20코를 만듭니다.

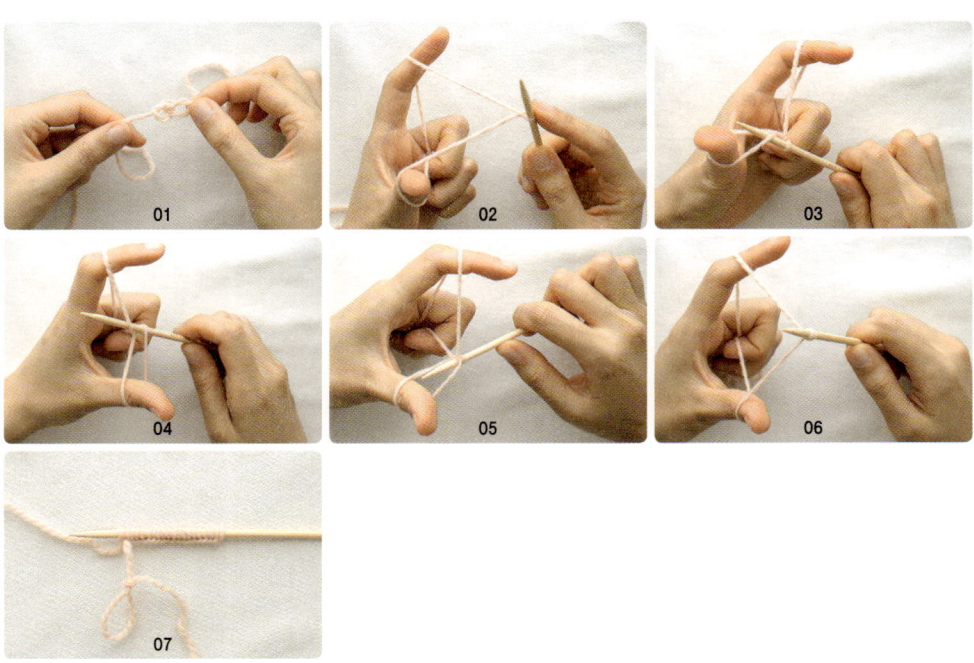

## 02. 가터뜨기

**2단(안면)~36단(안면)**_ 3.5mm 바늘로 바꿔 모든 단을 겉뜨기 합니다. 이렇게 매단 겉뜨기로 뜨는 방법을 가터뜨기라고 합니다.

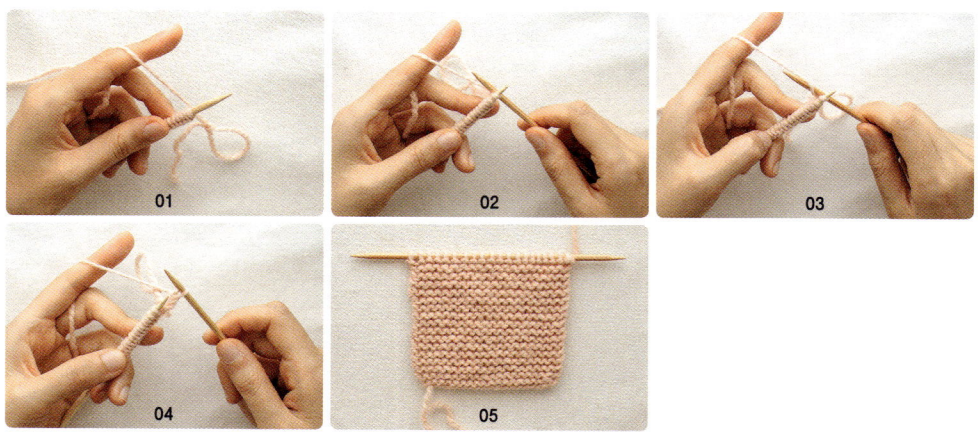

## 03. 코 엎기

36단까지 뜬 뒤, 편물을 뒤집어 겉뜨기를 2코 뜨고, 먼저 떴던 겉뜨기 코에 왼쪽 바늘을 끼워 두 번째 겉뜨기 코 위로 엎어씌웁니다. 또 겉뜨기를 1코 떠 오른쪽 바늘에 겉뜨기가 2코가 되면 왼쪽 바늘을 첫 번째 코에 끼워 두 번째 겉뜨기 코 위로 엎어씌웁니다. 반복하여 1코가 남으면 실을 잘라 남은 1코의 고리 사이로 넣어 빼냅니다.

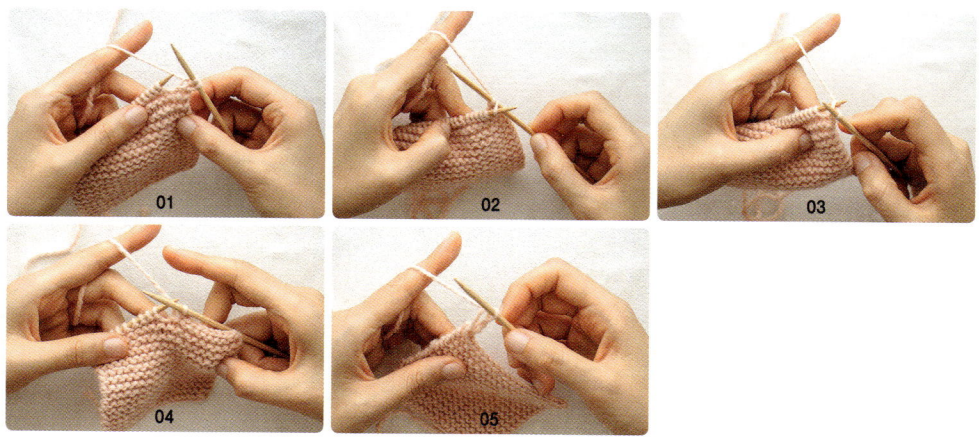

## 04. 마무리하기

코를 만들고 남은 실 꼬리와 엎고 남은 실 꼬리를 끝이 뾰족한 돗바늘을 이용해 감춰주세요.

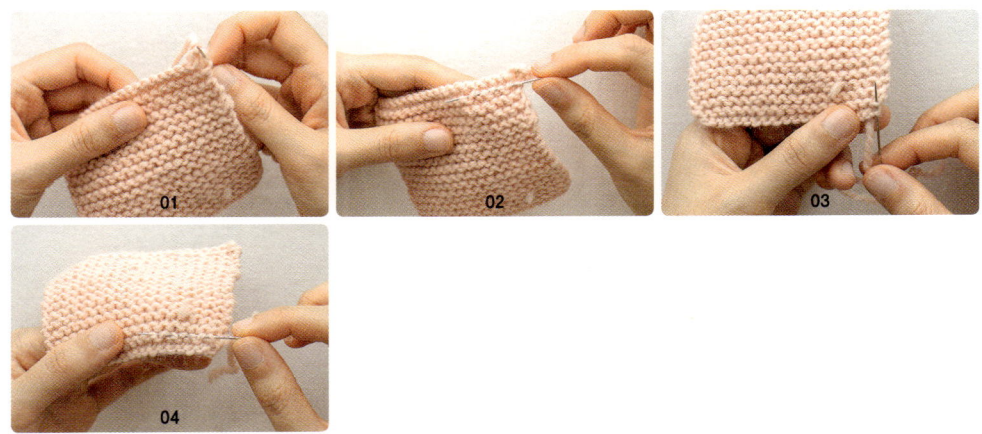

## 01-2

### 메리야스 뜨기를 이용한 라벨 티 코스터

가터뜨기 티 코스터에 라벨만 달아줘도
또 다른 느낌이에요.

작품 난이도 ★☆☆☆☆

*How to Make*

### 재료

완성된 가터뜨기 티 코스터

**바늘_** 장갑바늘(Double Pointed Needles) 2.5mm 2자루, 끝이 뾰족한 돗바늘

### 완성 크기
메리야스 5코 14단: 가로 1.5cm, 세로 3cm

### 무게
4g(라벨이 달린 티 코스터 전체)

### 필요한 뜨개 기법
손가락으로 만드는 기초 코 / 겉뜨기 / 안뜨기 / 코 엎기

### SLOWMELODII'S TIP
1. 시작 부분을 조이지 않게 작업하기 위해 코 만들기를 할 때에는 2.5mm보다 한 치수 큰 바늘(3.0mm)로 코를 만듭니다.
2. 겉면에서는 겉뜨기, 안면에서는 안뜨기로 작업하는 것을 메리야스 뜨기라고 합니다.

## 가터뜨기 티 코스터 + 메리야스 라벨

### 메리야스 라벨

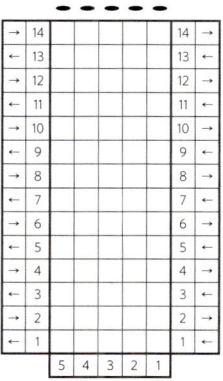

☐ 겉면에서 겉뜨기, 안면에서 안뜨기

– 겉면에서 안뜨기, 안면에서 겉뜨기

● 엎어 코 마무리

## SLOWMELODII

# 느린멜로디의
# 서술형 가이드

## 01. 코 만들기

**1단(겉면)**_ 실 끝에서 약 10cm 되는 부분부터 3.0mm 바늘을 사용해 5코를 만듭니다.

## 02. 메리야스 뜨기

**2단(안면)~14단(안면)**_ 2.5mm 바늘로 바꿔 짝수 단(안면)은 모두 안뜨기, 홀수 단(겉면)은 모두 겉뜨기 합니다. 이렇게 뜨는 방법을 메리야스 뜨기라고 합니다.

## 03. 코 엎기

편물의 겉을 보며 코를 엎습니다.

## 04. 메리야스 라벨 스팀하기

편물을 뒤집어 시침핀을 꽂은 후 스팀해 말린 부분을 펴주세요.

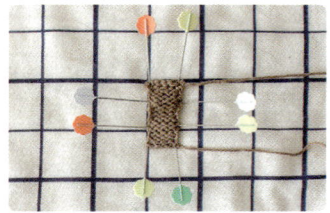

## 05. 가터뜨기 티 코스터에 달기

길게 만든 메리야스 뜨기를 겉뜨기 부분이 위로 나오게 반으로 접어 그 사이에 가터뜨기 티코스터의 모서리를 끼웁니다.
코를 엎고 남은 실 꼬리로 코 만든 부분에 맞춰 홈질하여 라벨을 달아주세요. 꿰매고 남은 실은 라벨의 안쪽으로 보이지 않게 잘 숨깁니다.

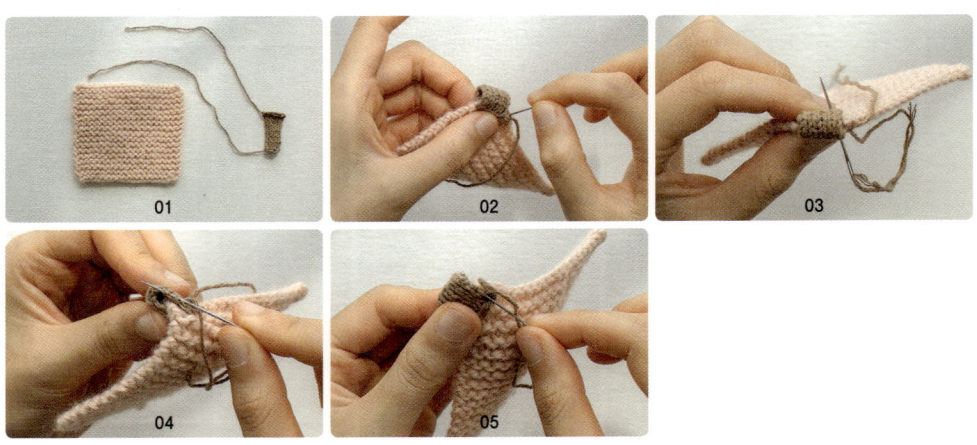

## 01-3

### 아이코드 엣징을 이용한
### 티 코스터

가터뜨기 티 코스터에 아이코드 엣징으로
둘레를 감싸줬어요.

작품 난이도 ★★☆☆☆

# How to Make

### 재료

코 엎기 전의 가터뜨기 티 코스터 편물

**바늘_** 장갑바늘(Double Pointed Needles) 3.5mm 2자루, 끝이 뾰족한 돗바늘

### 완성 크기
가로 9cm, 세로 9cm

### 무게
5g

### 필요한 뜨개 기법
손가락으로 만드는 기초 코 / 가터뜨기 / 감아 코 만들기 / 모아뜨기 / 가터뜨기 라인의 단과 코에서 코 줍기 / 메리야스 잇기

### SLOWMELODII'S TIP
1. 아이코드 엣징은 의류의 마감에도 자주 사용되는 방법이므로 가볍게 티 코스터로 먼저 연습해보면 좋습니다.
2. 아이코드 엣징을 편하게 두르기 위해서 장갑바늘을 이용해 작업합니다. 한쪽 끝이 막힌 바늘을 사용할 경우 코를 옮겨야 하는 번거로움이 있습니다.
3. 가터뜨기 라인 가장자리의 코를 주울 때는 편물을 작업한 진행 방향을 위로 가게 두고 안뜨기 라인의 가장 마지막 코머리를 찾습니다. 좌우의 코머리가 보는 방향에 따라 대칭되므로 싱커 루프와 헷갈리지 않도록 주의합니다.

## 아이코드 엣징 티 코스터

아이코드 엣징 두르기 ← ⓦ ⓦ

| □ | 겉면에서 겉뜨기, 안면에서 안뜨기 |
| --- | --- |
| − | 겉면에서 안뜨기, 안면에서 겉뜨기 |
| ● | 엎어 코 마무리 |
| ⓦ | 감아 코 만들기 |

SLOWMELODII

# 느린멜로디의 서술형 가이드

## 01. 코 줄이며 아이코드 엣징 두르기

가터뜨기 티 코스터를 원하는 크기로 떴다면 겉면을 위로 오게 해 작업합니다.
먼저 감아 코로 2코를 더 만든 뒤 겉뜨기를 3코 뜹니다.

[다시 왼쪽 바늘로 모든 코를 이동시키고 겉뜨기를 2코 뜹니다. 3, 4번째 코의 뒤쪽으로 동시에 바늘을 넣어 모아뜨기 합니다.]

[~]을 바늘에 3코가 남을 때까지 반복합니다.

## 02. 코 주워가며 아이코드 엣징 두르기

티 코스터의 윗부분은 코를 엎어가며 아이코드 엣징을 만들었다면, 나머지 부분은 코를 주워가며 엣징을 둘러줍니다.

가터라인 가장자리의 코를 주울 때는 편물을 작업한 진행 방향으로 두고 안뜨기 라인의 가장 마지막 코머리를 찾습니다. 좌우의 코머리가 보는 방향에 따라 대칭되므로 싱커 루프와 헷갈리지 않도록 주의합니다.

가터라인의 가장자리 코를 주워 매번 4코가 될 때마다 '01. 코 줄이며 아이코드 엣징 두르기'의 [~]를 반복합니다. 코를 주워서 엣징을 둘러줄 때엔 코를 옮길 필요 없이 바늘의 반대쪽으로 코를 밀어 작업할 수 있어 더 편리합니다.

티 코스터 밑면의 코를 주울 때는 1:1로 코를 주워 4코가 될 때마다 '01. 코 줄이며 아이코드 엣징 두르기'의 [~]를 반복합니다.

다시 오른쪽 가장자리 코를 주울 때 가터라인 코머리를 잘 찾아 주워주세요.

## 03. 메리야스 단 잇기

아이코드 엣징을 모두 둘러 시작 부분과 끝부분이 만났다면 20cm 정도 실을 남겨 자르고, 실 꼬리로 메리야스 모양을 만들어 아이코드의 시작과 끝을 잇습니다.

## 04. 마무리하기

아이코드의 시작과 끝을 연결한 실은 안쪽의 아이코드 엣징 겉뜨기 라인 반 코에 잘 감춰 넣습니다.

## 02

## 선인장

작고 귀여운 선인장, 선물로도 좋고
인테리어 효과도 만점이에요.

작품 난이도 ★☆☆☆☆

# How to Make

### 재료

램스울 5g 내외, 토분, 솜

**바늘_** 줄바늘(Circular Needle) 3.5mm 80cm 이상, 끝이 뾰족한 돗바늘

### 게이지
고무뜨기 한 무늬(2코 2단): 1×0.5cm / 멍석무늬 한 무늬(2코 2단): 0.6×0.5cm

### 완성 크기
고무뜨기 선인장: 둘레 10cm, 높이 7cm / 멍석무늬 선인장: 둘레 12cm, 높이 7cm

### 무게
5g(솜을 채우지 않은 편물)

### 필요한 뜨개 기법
손가락으로 만드는 기초 코 / 꼬아 겉뜨기 / 안뜨기 / 원통 뜨기(매직 루프) / 여러 코 나눠 오므리기

### SLOWMELODII'S TIP

1. 원통 뜨기를 편하게 작업할 수 있도록 줄바늘에 편물을 두 군데로 나눠 뜨는 매직 루프에 대해 소개합니다.
2. 원통 뜨기는 겉면만을 보며 작업하기 때문에 기호도를 있는 그대로 읽습니다.
3. 매직 루프를 이용한 원통 뜨기 작업 시 바늘 두 번을 모두 통과해 코를 만들고 남은 실 꼬리와 손가락에 걸려 있는 실이 만나야 1단을 뜬 것입니다.
4. 여러 코를 한꺼번에 오므릴 때는 두 번에 나눠 코를 오므려 투박해지지 않도록 합니다.

## 꼬아뜨기 선인장

여러 코 나눠 오므리기(안뜨기 코 먼저, 겉뜨기 코 나중)

## 멍석뜨기 선인장

여러 코 나눠 오므리기

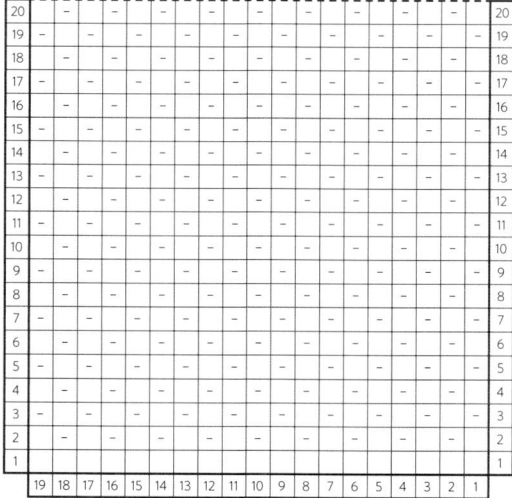

| □ | 겉면에서 겉뜨기, 안면에서 안뜨기 |
| - | 겉면에서 안뜨기, 안면에서 겉뜨기 |
| ຊ | 꼬아뜨기(뒤쪽 루프에 바늘을 넣어 겉뜨기) |

# SLOWMELODII

## 느린멜로디의
## 서술형 가이드
### - 꼬아 고무뜨기 선인장 -

## 01. 코 만들기

**1단_** 실 끝에서 약 40cm 되는 부분부터 느슨하게 24+1코를 만듭니다.
매직 루프 기법을 이용해 원통으로 합쳐 2단을 뜨기 전에 첫 코를 마지막 코 안으로 넣어준 뒤, 실 꼬리와 떠야 할 실을 적당히 잡아당겨 코 늘어짐이 없도록 해주세요.
즉 필요한 콧수+1코를 만들어 2단을 뜨기 직전 1코가 줄어들게 됩니다.

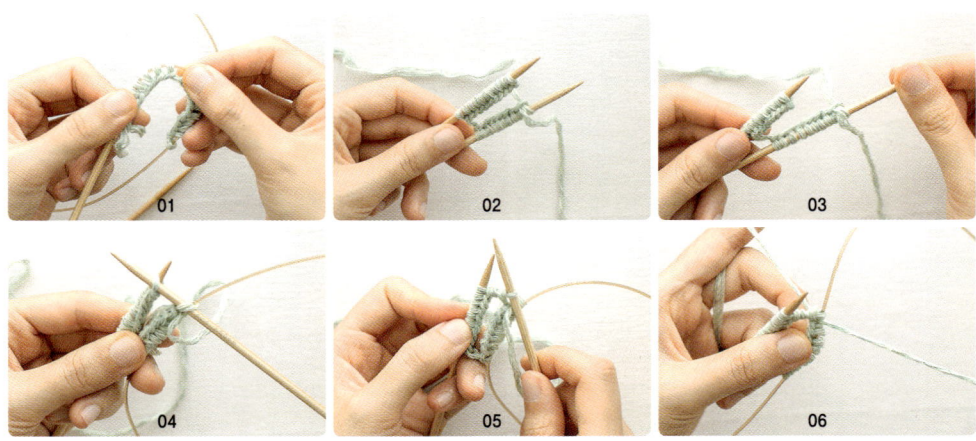

## 02. 원통 뜨기

**2~20단_** [꼬아 겉뜨기 1코, 안뜨기 1코]를 반복합니다.

꼬아 겉뜨기는 일반 겉뜨기와 달리 루프의 뒤로 바늘을 넣어 뜹니다. 겉뜨기의 루프가 한 번 꼬여 있어 편물의 입체감이 조금 더 도드라집니다.

매직 루프 기법의 경우, 편물을 2등분하여 작업하기 때문에 코를 만들고 남은 실 꼬리와 지금 뜨고 있는 실이 같은 위치에서 만나야 한 단을 모두 뜬 것입니다.

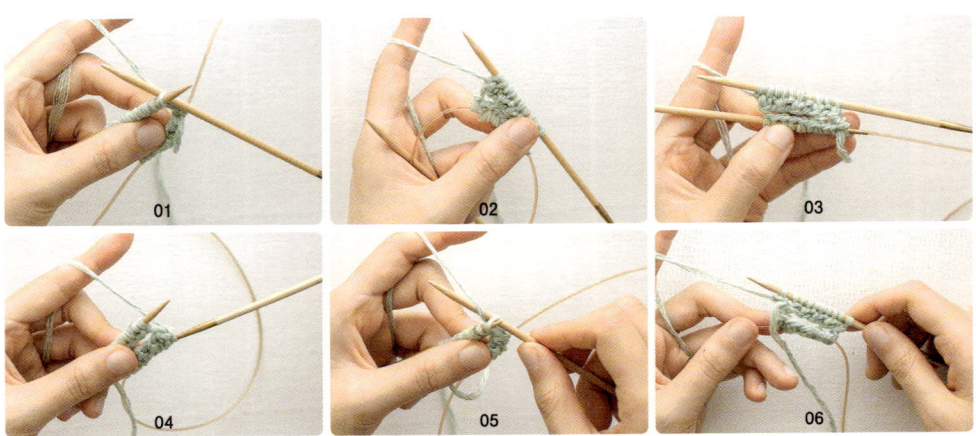

코 줄임 없이 한 번에 코를 오므리기 때문에 코를 오므려도 될 정도로 충분한 여유가 되는 길이까지 작업합니다.

## 03. 여러 코 나눠 오므리기

여러 개의 코를 코 줄임 없이 한꺼번에 오므릴 때는 오므린 부분이 투박해지지 않도록 코를 나눠 두 번에 걸쳐 오므립니다.

남은 편물 둘레의 3배 정도로 실을 남기고 잘라 돗바늘에 끼워 모든 안뜨기 코에 순서대로 실을 통과시킵니다. 이렇게 먼저 실이 통과된 부분이 안쪽으로 말려 들어갑니다. 모든 안뜨기 코에 실이 통과했다면 이번에는 겉뜨기 코에 실을 통과시키며 바늘에서 차례로 코를 분리합니다.

여러 코에 통과된 실을 한 번에 조이다가 실이 끊어지거나 엉킬 수 있으므로 겉뜨기 코에 실을 통과시켰다면 미리 안뜨기 쪽을 지나간 실을 당겨 오므려둡니다. 그다음 겉뜨기를 통과한 실까지 모두 단단히 오므린 뒤 실 꼬리는 오므린 가운데로 넣어 안쪽으로 감춥니다.

## 04. 마무리하기

시작과 끝부분의 실 꼬리와 중간에 연결한 부분의 실 꼬리는 편물 안쪽으로 실을 갈라가며 감춰주세요.

## 05. 솜 채우고 토분에 넣기

완성된 선인장 편물에 솜을 적당히 채워 넣고 토분에 꽂아주세요. 더 적은 콧수와 단수로 작은 선인장을 만들어 큰 선인장에 팔처럼 달아주면 또 다른 느낌의 선인장을 만들 수 있어요.

SLOWMELODII

# 느린멜로디의
# 서술형 가이드
### - 멍석뜨기 선인장 -

## 01. 코 만들기

**1단_** 실 끝에서 약 40cm 되는 부분부터 느슨하게 19+1코를 만듭니다.
매직 루프 기법을 이용해 한쪽 바늘에는 11코, 다른 바늘에는 9코로 나눠주세요. 원통으로 합쳐 2단을 뜨기 전에 첫 코를 마지막 코 안으로 넣어준 뒤, 실 꼬리와 떠야 할 실을 적당히 잡아당겨 코 늘어짐이 없도록 해주세요.
즉 필요한 콧수+1코를 만들어 2단을 뜨기 직전 1코가 줄어들게 됩니다.

## 02. 원통 뜨기

**2단~20단**
짝수 단_ [겉뜨기 1코, 안뜨기 1코]를 반복해 겉뜨기 1코로 끝납니다.
홀수 단_ [안뜨기 1코, 겉뜨기 1코]를 반복해 안뜨기 1코로 끝납니다.
코 줄임 없이 한 번에 코를 오므리기 때문에 코를 오므려도 될 정도로 충분한 여유가 되는 길이까지 작업합니다.

## 03. 여러 코 나눠 오므리기

여러 개의 코를 코줄임 없이 한꺼번에 오므릴 때는 오므린 부분이 투박해지지 않도록 코를 나눠 두 번에 걸쳐 오므립니다.

남은 편물 둘레의 3배 정도로 실을 남기고 잘라 돗바늘에 끼워 모든 안뜨기 코에 순서대로 실을 통과시킵니다. 이렇게 먼저 실이 통과된 부분이 안쪽으로 말려 들어갑니다. 모든 안뜨기 코에 실이 통과했다면 이번에는 겉뜨기 코에 실을 통과시키며 바늘에서 차례로 코를 분리합니다.

여러 코에 통과된 실을 한 번에 조이다가 실이 끊어지거나 엉킬 수 있으므로 겉뜨기 코에 실을 통과시켰다면 미리 안뜨기 쪽을 지나간 실을 당겨 오므려둡니다. 그다음 겉뜨기를 통과한 실까지 모두 단단히 오므린 뒤 실 꼬리는 오므린 가운데로 넣어 안쪽으로 감춥니다.

## 04. 마무리하기

시작과 끝부분의 실 꼬리와 중간에 연결한 부분의 실 꼬리는 편물 안쪽으로 실을 갈라가며 감춰주세요.

## 05. 솜 채우고 토분에 넣기

완성된 선인장 편물에 솜을 적당히 채워 넣고 토분에 꽂아주세요. 더 적은 콧수와 단수로 작은 선인장을 만들어 큰 선인장에 팔처럼 달아주면 또 다른 느낌의 선인장을 만들 수 있어요.

03

## 의자다리 커버

시끄럽던 의자 끌리는 소리는 그만!
의자 다리에 예쁜 양말을 만들어주세요.

작품 난이도 ★☆☆☆☆

# How to Make

### 재료

울(10g 내외) 4컬러

**바늘_** 줄바늘(Circular Needle) 3.5mm 80cm 이상, 끝이 뾰족한 돗바늘

### 게이지
메리야스 뜨기(1코 2단): 0.43×0.5cm

### 완성 크기
둘레 7cm, 높이 8cm

### 무게
개당 2g

### 필요한 뜨개 기법
손가락으로 만드는 기초 코 / 원통 뜨기 / 메리야스 뜨기 / 단 배색하기 / 코 엎기

### SLOWMELODII'S TIP
1. 작은 크기의 편물을 원통으로 뜨기 편하도록 매직 루프 기법을 사용합니다.
2. 단 배색의 두 번째 단 첫 코를 뜰 때 바늘에 걸린 코가 아닌 바로 아랫단 코를 떠주면 원통으로 돌며 생기는 배색 단의 차이가 비교적 작아집니다.

## 의자다리 커버

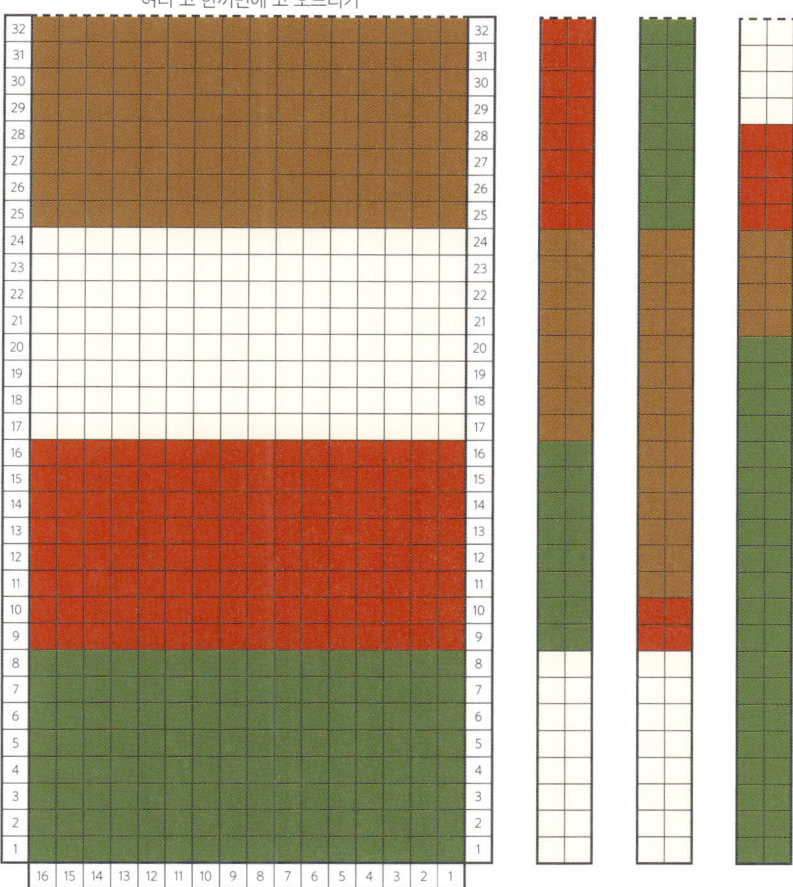

여러 코 한꺼번에 코 오므리기

겉면에서 겉뜨기, 안면에서 안뜨기

SLOWMELODII

# 느린멜로디의
# 서술형 가이드

## 01. 코 만들기

**1단_** 실 끝에서 약 25cm 되는 부분부터 16+1코를 만듭니다.
매직 루프 기법을 이용해 원통으로 합쳐 2단을 뜨기 전에 첫 코를 마지막 코 안으로 넣어준 뒤, 실 꼬리와 떠야 할 실을 적당히 잡아당겨 코 늘어짐이 없도록 해주세요.
즉 필요한 콧수+1코를 만들어 2단을 뜨기 직전 1코가 줄어들게 됩니다.

## 02. 원통 뜨기

**2~32단_** 매직 루프 기법을 이용한 원통 뜨기로 32단까지 메리야스 뜨기를 합니다.
원통 뜨기는 겉에서 바라본 대로만 작업하므로 모든 단을 겉뜨기로 떠야 메리야스 뜨기가 됩니다.
도안을 참고하며 배색을 하는데, 색을 바꾸기 바로 직전 코를 뜰 때 바꿀 실을 뜨고 있는 실 위로 걸어 고정시켜 주세요.

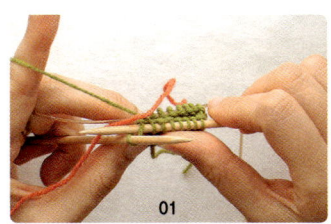 

배색의 첫 단 마지막 코에서는 직전 색의 실 꼬리와 바뀐 색의 실 꼬리를 함께 마지막 코가 될 실에 걸어 고정시킵니다.

색이 바뀌고 두 번째 단의 첫 코를 뜰 때 바늘에 걸린 코가 아닌 바로 아랫단 코에 떠주면 원통으로 돌며 생기는 단 차이가 비교적 작아집니다.

## 03. 여러 코 한꺼번에 오므리기

15cm 정도의 실만 남기고 자른 채 돗바늘에 꿰어 모든 코에 두 번 통과시켜 조입니다. 한꺼번에 조이면 엉키거나 끊어질 수 있으니 순서대로 조금씩 조여주세요.

## 04. 마무리하기

정리되지 않은 실 꼬리는 끝이 뾰족한 돗바늘에 꿰어 편물을 뒤집어 코머리 부분의 실을 갈라지게 하여 지그재그로 통과시킵니다. 코를 만들고 남은 실 꼬리에 돗바늘을 꿰어 편물 안쪽으로 정리합니다.

04

## 걱정인형

과테말라에서 유래되었다는 걱정인형,
내 걱정을 모두 가져가줘.

작품 난이도 ★★☆☆☆

# How to Make

### 재료

울(2g 내외) 2컬러
이목구비와 메리야스 자수 놓기에 사용할 자투리 실

바늘_ 줄바늘(Circular Needle) 4.0mm 80cm 이상, 장갑바늘(Double Pointed Needls) 4.0mm 2자루, 끝이 구부러진 돗바늘, 끝이 뾰족한 돗바늘, 시침핀

### 게이지
메리야스 뜨기 한 무늬(1코 2단): 0.6×0.6cm

### 완성 크기
가로 단면 4cm, 세로 5cm

### 무게
3g

### 필요한 뜨개 기법
손가락으로 만드는 기초 코 / 겉뜨기 / 안뜨기 / 원통 뜨기 / 여러 코 오므리기 / 아이코드 만들기 / 메리야스 자수 놓기

### SLOWMELODII'S TIP
1. 원통으로 뜬 뒤 코 오므리기, 아이코드 등으로 인형의 모양을 잡아줍니다.
2. 굵은 실과 바늘을 이용해 크게 만들어 아이들의 애착인형으로, 가는 실과 바늘을 이용해 작게 만들어 베개 속에 넣어두어 내 걱정거리를 가져가는 작은 부적으로, 옷핀을 달아 브로치 등 여러 형태로 만들어보세요.
3. 콧수가 적고 원통으로 작업하기 때문에 인형의 옷에 무늬를 넣을 때는 배색보다 자수 놓기가 훨씬 수월합니다.

## 걱정인형

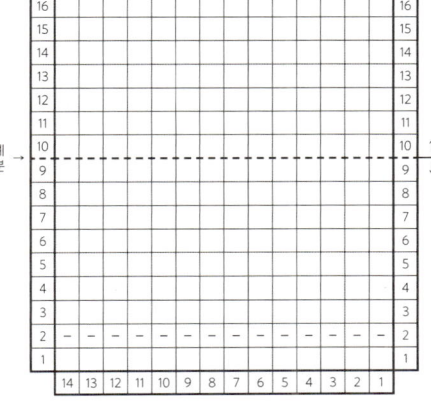

### 걱정인형 몸통 무늬

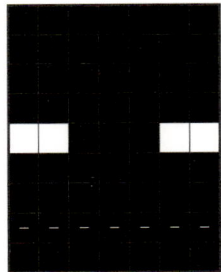 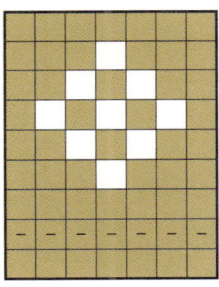  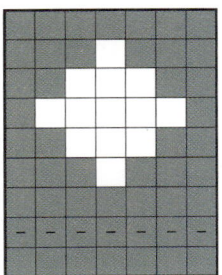

### 걱정인형 얼굴 자수

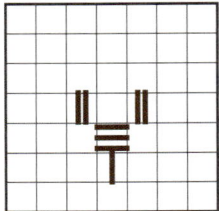

# SLOWMELODII
## 느린멜로디의 서술형 가이드

## 01. 걱정인형 몸통 만들기

**1단(코 만들기)_** 실 끝에서 약 30cm 되는 부분부터 느슨하게 14+1코를 만듭니다.
매직루프 기법을 이용해 원통으로 합쳐 2단을 뜨기 전에 첫 코를 마지막 코 안으로 넣어준 뒤, 실 꼬리와 떠야 할 실을 적당히 잡아당겨 코 늘어짐이 없도록 해주세요.
즉 필요한 콧수+1코를 만들어 2단을 뜨기 직전 1코가 줄어들게 됩니다.
**2단_** 모두 안뜨기 합니다.
**3~9단_** 모두 겉뜨기 합니다.
실 끝을 15cm 정도 남기고 잘라주세요.

## 02. 걱정인형 얼굴 만들기

얼굴에 해당하는 실로 바꿔 뜨기 시작합니다.
**10~16단_** 모두 겉뜨기 합니다.
14개의 코를 한꺼번에 오므려주세요. 단단하게 오므리기 위해 실을 두 번 통과해 조입니다.

## 03. 걱정인형 팔 만들기

**1단(코 만들기)_** 실 끝에서 약 10cm 되는 부분부터 3코를 만듭니다.
**2~5단_** 편물을 뒤집지 않고 바로 첫 코로 실을 끌어와 뜹니다. 매우 적은 콧수로 원통 뜨기를 하는 것과 마찬가지입니다. 이렇게 뜨는 것이 '3코 아이코드 뜨기' 입니다.
3개의 코를 한꺼번에 오므려주세요. 단단하게 오므리기 위해 실을 두 번 통과해 조입니다.
같은 방법으로 하나 더 만들어주세요.

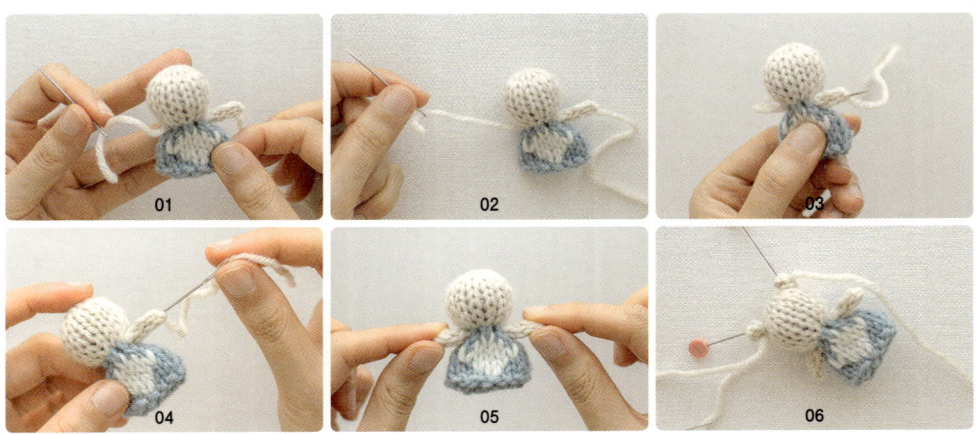

## 04. 걱정인형 귀 만들기

**1단(코 만들기)_** 실 끝에서 약 10cm 되는 부분부터 3코를 만듭니다.
**2단_** 3코 아이코드 뜨기를 합니다.
3개의 코를 한꺼번에 오므려주세요. 단단하게 오므리기 위해 실을 두 번 통과해 조입니다.
같은 방법으로 하나 더 만들어주세요.

## 05. 걱정인형 얼굴과 몸의 경계 만들기

먼저 얼굴에 해당하는 부분에 솜 혹은 자투리 실들을 적당히 넣어 통통하게 만들어준 뒤, 9단의 몸통 실을 뜨고 남은 실을 바깥으로 빼내 뾰족한 돗바늘에 끼웁니다. 이 실을 한 코 걸러 홈질하듯이 한 바퀴 둘러준 다음 얼굴과 몸의 경계가 생기도록 조입니다. 실을 갈라가며 좌우로 몇 번 왔다 갔다 한 뒤, 속으로 넣어 얼굴 부분으로 빼냅니다. 나머지 실은 잘라줍니다.

## 06. 걱정인형 몸통 꾸미기

메리야스 자수 놓기를 이용해 걱정 인형의 옷을 꾸며주세요. 굳이 실을 정리하지 않고 자투리는 몸에 남겨둔 채, 코를 만들고 남은 실 꼬리를 이용하여 밑단을 시침질합니다.
시침질하고 남은 실도 몸 속으로 감춰주세요.

## 07. 걱정인형 팔과 귀 달기

인형의 몸과 얼굴의 경계선 측면에 아이코드를 이용해 만든 팔을 달아주세요. 코를 조이고 남은 실에 뾰족한 돗바늘을 끼워 몸통을 관통해 반대편으로 빼냈다가 다시 아이코드 안을 관통해 밖으로 나온 실은 잘라냅니다.
같은 방법으로 다른 쪽 팔도 달아주세요.
귀의 경우 시침핀으로 위치를 정해둔 뒤 아이코드를 만들고 남은 실로 감침질하여 얼굴에 고정시킵니다.

## 8. 걱정인형 얼굴 자수 놓기

원하는 색의 실로 이목구비를 자수로 수놓습니다. 이때 너무 세게 당기면 이목구비가 작아지므로 힘 조절이 중요합니다.

마지막으로 얼굴과 몸의 경계에 예쁘게 리본을 묶어주세요.

## 05

### 윈도패인 블랭킷

창문을 닮아 이름 지어진 윈도패인 체크,
간단한 기법만으로 감성 가득한 블랭킷을 만들어보세요.

작품 난이도 ★★☆☆☆

# How to Make

### 재료

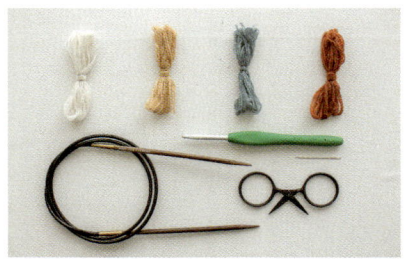

램스울(65g) 메인 컬러 8볼, 포인트 컬러 A, B, C 각 1볼씩

**바늘_** 줄바늘(Circular Needle) 4.5mm, 모사용 코바늘 8/0호, 끝이 뾰족한 돗바늘

### 게이지
윈도패인 체크 한 무늬(24코 33단): 16×13cm

### 완성 크기
가로 113cm, 세로 93cm

### 무게
588g

### 필요한 뜨개 기법
사슬뜨기 / 공통 사슬로 만드는 기초 코 / 겉뜨기 / 안뜨기 / 코 엎기 / 빼뜨기로 스티치 넣기

### SLOWMELODII'S TIP

1. 윈도패인 체크 무늬의 세로 스티치는 코바늘의 빼뜨기를 이용해 넣어줍니다. 적당한 힘으로 작업해야 블랭킷의 세로가 짧아지거나 우글거리지 않아요.
2. 블랭킷의 가장자리는 편물의 말림 현상을 방지하기 위해 가터뜨기 무늬를 넣어줍니다.

## 윈도패인 블랭킷

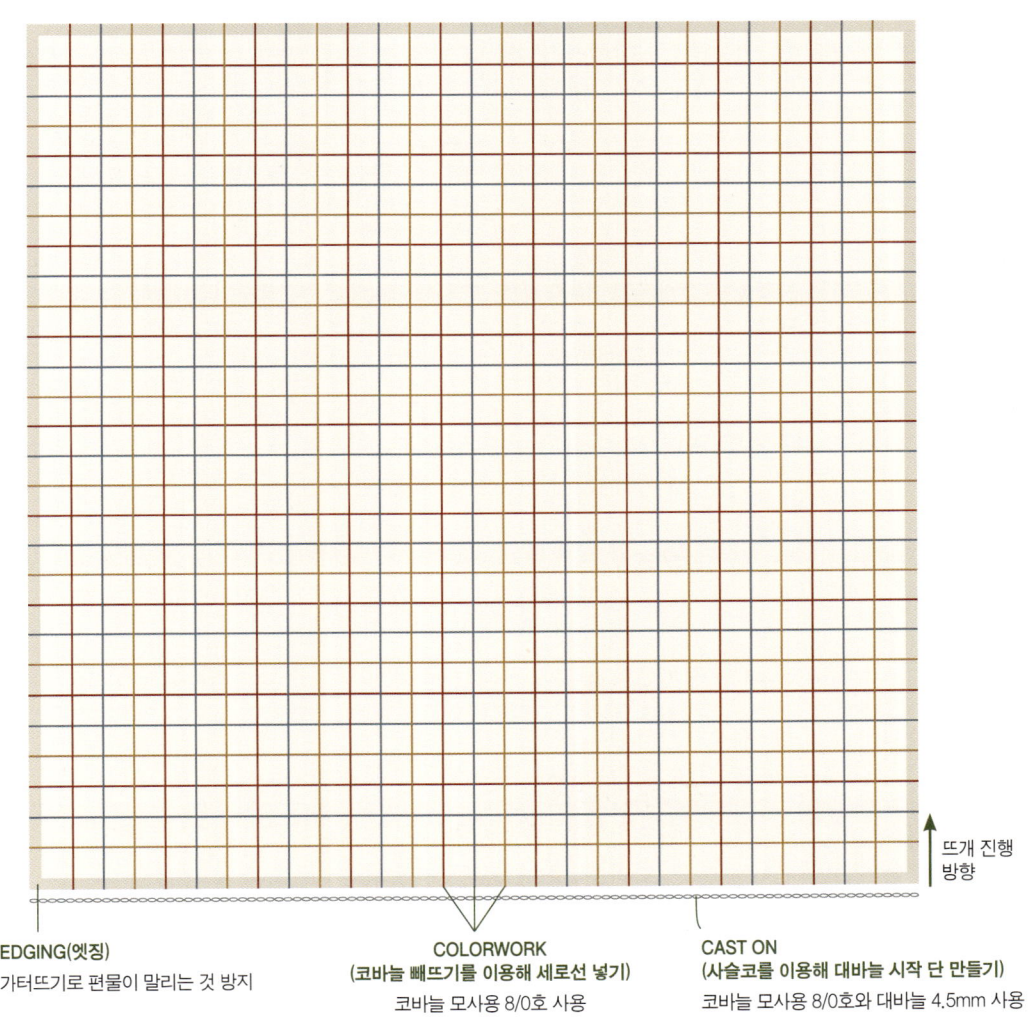

뜨개 진행 방향

**EDGING(엣징)**
가터뜨기로 편물이 말리는 것 방지

**COLORWORK**
(코바늘 빼뜨기를 이용해 세로선 넣기)
코바늘 모사용 8/0호 사용

**CAST ON**
(사슬코를 이용해 대바늘 시작 단 만들기)
코바늘 모사용 8/0호와 대바늘 4.5mm 사용

| | 겉면에서 겉뜨기, 안면에서 안뜨기 |
| - | 겉면에서 안뜨기, 안면에서 겉뜨기 |
| • | 엎어 코 마무리 |

| | 메인 컬러 |
| | 메인 컬러 가터뜨기 |
| | 포인트 컬러 A |
| | 포인트 컬러 B |
| | 포인트 컬러 C |

## SLOWMELODII

# 느린멜로디의
# 서술형 가이드

## 01. 코 만들기

**1단(겉면)**_ 메인 컬러 실의 10cm 지점부터 모사용 코바늘 8/0호를 이용하여 사슬코 229코를 만든 뒤 코바늘을 코에서 빼내어 그 자리에 그대로 대바늘을 끼웁니다. 이렇게 대바늘을 끼운 코가 첫 번째 코입니다.

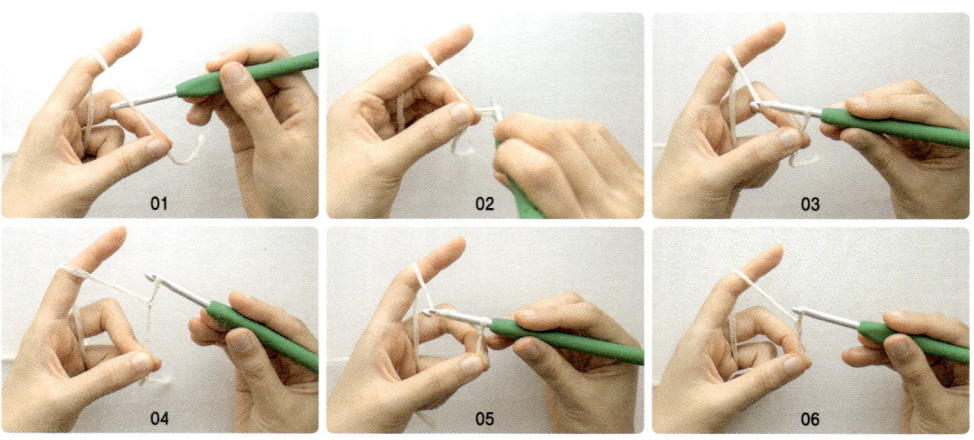

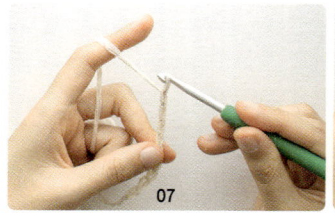 

두 번째 코부터는 사슬코의 사슬산의 아래에서 위로 바늘을 넣어 한 코씩 실을 끌어오며 코를 만들어 주세요. 여기서 주의할 점은 대바늘을 끼운 첫 사슬코의 사슬산은 건너뛰고 두 번째 사슬산부터 끼워 주는 것입니다.

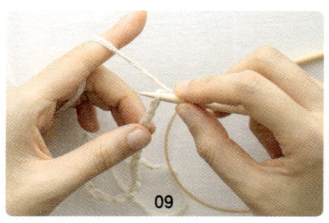 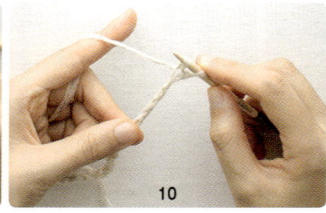 

사슬산에 실을 걸어가며 바늘에 걸린 코가 모두 229코가 되었다면, 이렇게 코를 만든 단을 1단(겉면) 으로 여깁니다.

## 02. 가터뜨기로 밑단 엣징 만들기

**2단(안면)_** 모두 겉뜨기 합니다.
**3단(겉면)_** 겉뜨기 3코, [겉뜨기 7코, 안뜨기 1코]×27, 겉뜨기 10코를 뜹니다. 이때 겉뜨기 코 사이사 이에 들어가는 안뜨기 라인은 편물이 완성된 후 코바늘로 빼뜨기하며 체크무늬의 세로선을 넣기 위한 자리입니다.
**4단(안면)_** 모두 겉뜨기 합니다.

## 03. 윈도패인 무늬 뜨기

**SECTION A**
가장자리 3코씩의 가터뜨기와 중간의 안뜨기 라인을 유지하며 메인 컬러로 메리야스 뜨기를 합니다.
**패턴의 겉면(5단, 7단, 9단, 11단, 13단)_** 겉뜨기 3코, [겉뜨기 7코, 안뜨기 1코]×27, 겉뜨기 10코를 뜹니 다.

**패턴의 안면(6단, 8단, 10단, 12단, 14단)**_ 겉뜨기 3코, [안뜨기 7코, 겉뜨기 1코]×27, 안뜨기 7코, 겉뜨기 3코를 뜹니다. 14단을 뜬 뒤 메인 컬러의 실은 잠시 쉬어줍니다.

**15단(겉면)**_ 포인트 컬러 A로 패턴의 겉면과 동일한 방법으로 뜨고 실을 끊습니다.

## SECTION B
가장자리 3코씩의 가터뜨기와 중간의 안뜨기 라인은 그대로 유지하며 메인 컬러로 메리야스 뜨기를 합니다.

**16~25단(겉면~안면)**_ 5~14단과 동일한 방법으로 뜨는데, 전 패턴의 14단에서 실을 쉬어뒀다가 16단에서 실을 가지고 올라와 시작하게 되므로 이번 패턴은 짝수 단이 겉면입니다.

16단을 시작할 때 실을 너무 당겨 뜨면 블랭킷의 좌우가 비대칭이 될 수 있으니 유의합니다. 25단을 뜬 뒤 메인 컬러의 실은 잠시 쉬어줍니다.

**26단(겉면)**_ 포인트 컬러 B로 패턴의 겉면과 동일한 방법으로 뜨고 실을 자릅니다.

## SECTION C
가장자리 3코씩의 가터뜨기와 중간의 안뜨기 라인은 그대로 유지하며 메인 컬러로 메리야스 뜨기를 합니다.

**27~36단(겉면~안면)**_ 5~14단과 동일한 방법으로 뜨는데, 전 패턴의 25단에서 실을 쉬어뒀다가 27단에서 실을 가지고 올라와 시작하게 되므로 이번 패턴은 홀수 단이 겉면입니다.

27단을 시작할 때 실을 너무 당겨 뜨면 블랭킷의 좌우가 비대칭이 될 수 있으니 유의합니다. 36단을 뜬 뒤 메인 컬러의 실은 잠시 쉬어줍니다.

**37단(겉면)**_ 포인트 컬러 C로 패턴의 겉면과 동일한 방법으로 뜨고 실을 자릅니다.

## SECTION A → B → C 반복
**38~301단(겉면~겉면)**_ 5~37단과 동일한 방법으로 반복해 윈도패인 체크무늬를 뜹니다.

**302~312단(겉면~겉면)**_ 가장자리 3코씩의 가터뜨기와 중간의 안뜨기 라인은 그대로 유지하며 메인 컬러로 메리야스 뜨기를 합니다.

## 04. 가터뜨기로 윗단 엣징 만들기

**313단(안면)**_ 모두 겉뜨기 합니다.
**314단(겉면)**_ 겉뜨기 3코, [겉뜨기 7코, 안뜨기 1코]×27, 겉뜨기 10코를 뜹니다.
**315단(안면)**_ 모두 겉뜨기 합니다.

## 05. 코 엎기

315단이 끝난 후, 겉면을 바라본 채 코를 엎어주세요. 모든 코를 엎은 다음 실은 코를 정리할 만큼만 남기고 자릅니다.

## 06. 코바늘을 이용해 빼뜨기로 세로선 넣기

모사용 코바늘 8/0호를 이용해 포인트 컬러로 세로선을 넣습니다. 편물을 사이에 두고 실은 바깥쪽에, 바늘은 편물 안쪽에 쥔 채 실을 바깥에서 안으로 하나씩 끌어오며 빼뜨기 선을 넣습니다. 블랭킷의 2단마다 빼뜨기를 한 번씩 넣어주는데, 이때 빼뜨기 코의 길이가 너무 타이트하거나 느슨하지 않게 조절해주는 것이 중요합니다. 블랭킷이 오그라들지 않도록 일정한 힘으로 빼뜨기 세로선을 넣어주세요.

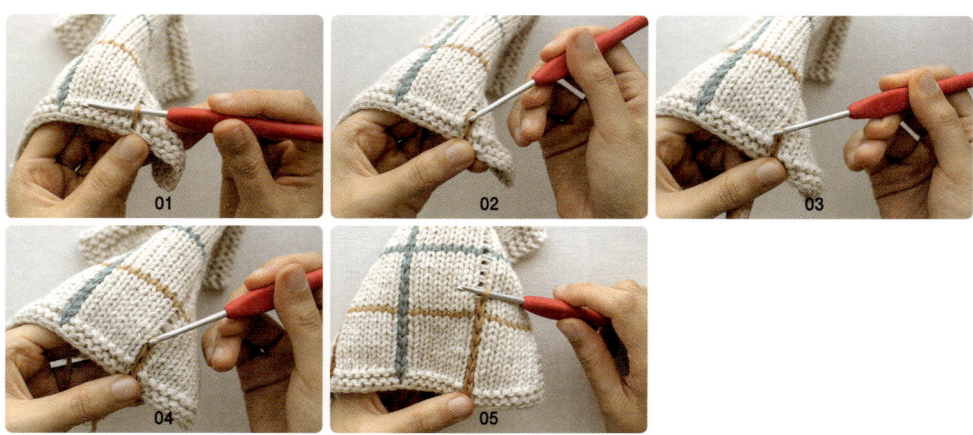

## 07. 마무리하기

뜨기가 모두 끝났다면 끝이 뾰족한 돗바늘을 이용해 남은 실을 정리합니다. 최대한 같은 색의 편물 사이사이로 남은 실을 숨겨야 깔끔하게 정리됩니다.

06

## 로그캐빈
## 블랭킷

포근한 봄을 닮은 로그캐빈 블랭킷 덮고
따뜻한 차 한 잔 어떠세요?

작품 난이도 ★★☆☆☆

*How to Make*

### 재료

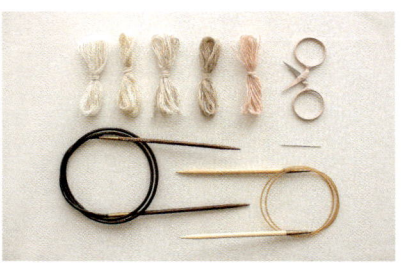

램스울(65g) 컬러당 3볼씩 5컬러

**바늘_** 줄바늘(Circular Needle) 4.5mm, 줄바늘(Circular Needle) 5.0mm, 끝이 뾰족한 돗바늘

### 게이지
가터뜨기 한 무늬(1코 2단): 0.5×0.5cm

### 완성 크기
사방 107cm, 대각선 147cm

### 무게
703g

### 필요한 뜨개 기법
손가락으로 만드는 기초 코 / 가터뜨기(모든 단에서 겉뜨기) / 코 줍기 / 코 엎기

### SLOWMELODII'S TIP
1. 시작과 끝부분을 조이지 않게 작업하기 위해 장력을 조절하는 것이 중요합니다. 아직 뜨개가 익숙하지 않다면 코 만들기, 코 엎기는 5.0mm로 작업하고, 그 외에 편물의 중간 부분은 4.5mm로 작업합니다.
2. 가터뜨기는 현재 뜨는 쪽의 겉뜨기가 반대면에 안뜨기 라인으로 보여집니다.
3. 가터뜨기 라인 가장자리의 코를 주울 때는 편물을 작업한 진행 방향으로 두고 안뜨기 라인의 가장 마지막 코머리를 찾습니다. 좌우의 코머리가 보는 방향에 따라 대칭되므로 싱커 루프와 헷갈리지 않도록 주의합니다.

## 로그캐빈 블랭킷 패턴 순서

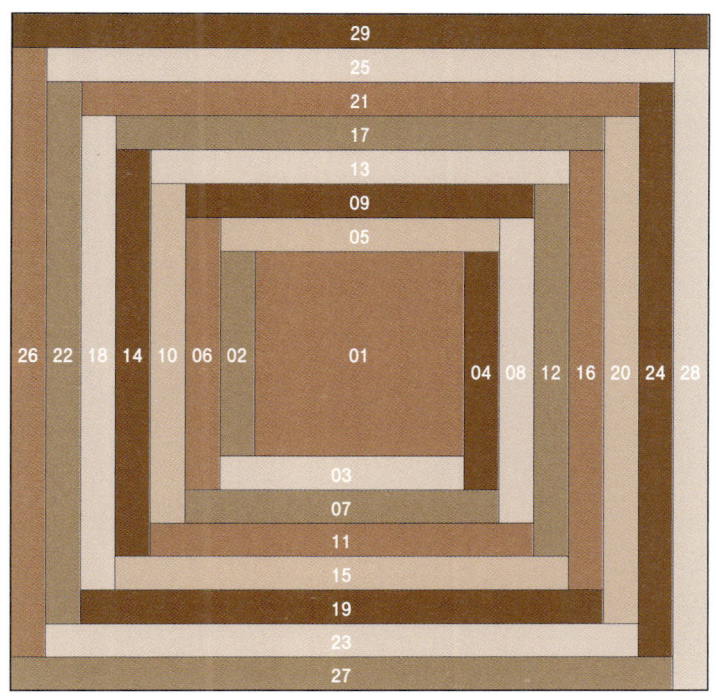

## PETTERN 01

| → | 52 | - | - | - | - | - | - | - | - | - | - | - | - | - | - | - | - | - | - | - | - | - | - | - | - | - | - | - | - | - | - | 52 | → |
|---|----|---|---|---|---|---|---|---|---|---|---|---|---|---|---|---|---|---|---|---|---|---|---|---|---|---|---|---|---|---|---|----|---|
| ← | 51 |   |   |   |   |   |   |   |   |   |   |   |   |   |   |   |   |   |   |   |   |   |   |   |   |   |   |   |   |   |   | 51 | ← |
| → | 50 | - | - | - | - | - | - | - | - | - | - | - | - | - | - | - | - | - | - | - | - | - | - | - | - | - | - | - | - | - | - | 50 | → |
| ← | 49 |   |   |   |   |   |   |   |   |   |   |   |   |   |   |   |   |   |   |   |   |   |   |   |   |   |   |   |   |   |   | 49 | ← |
| → | 48 | - | - | - | - | - | - | - | - | - | - | - | - | - | - | - | - | - | - | - | - | - | - | - | - | - | - | - | - | - | - | 48 | → |
|   | ⋮  |   |   |   |   |   |   |   |   |   |   |   |   |   |   |   |   |   |   |   |   |   |   |   |   |   |   |   |   |   |   | ⋮  |   |
| → | 6  | - | - | - | - | - | - | - | - | - | - | - | - | - | - | - | - | - | - | - | - | - | - | - | - | - | - | - | - | - | - | 6  | → |
| ← | 5  |   |   |   |   |   |   |   |   |   |   |   |   |   |   |   |   |   |   |   |   |   |   |   |   |   |   |   |   |   |   | 5  | ← |
| → | 4  | - | - | - | - | - | - | - | - | - | - | - | - | - | - | - | - | - | - | - | - | - | - | - | - | - | - | - | - | - | - | 4  | → |
| ← | 3  |   |   |   |   |   |   |   |   |   |   |   |   |   |   |   |   |   |   |   |   |   |   |   |   |   |   |   |   |   |   | 3  | ← |
| → | 2  | - | - | - | - | - | - | - | - | - | - | - | - | - | - | - | - | - | - | - | - | - | - | - | - | - | - | - | - | - | - | 2  | → |
| ← | 1  |   |   |   |   |   |   |   |   |   |   |   |   |   |   |   |   |   |   |   |   |   |   |   |   |   |   |   |   |   |   | 1  | ← |
|   |    | 30| 29| 28| 27| 26| 25| 24| 23| 22| 21| 20| 19| 18| 17| 16| 15| 14| 13| 12| 11| 10| 9 | 8 | 7 | 6 | 5 | 4 | 3 | 2 | 1 |    |   |

## PETTERN 02~29

| → | 26 | - | - | - | - | - | - | - | - | - | - | - | - | - | - | - | - | - | - | - | - | - | - | - | - | - | - | 26 | → |
|---|----|---|---|---|---|---|---|---|---|---|---|---|---|---|---|---|---|---|---|---|---|---|---|---|---|---|---|----|---|
| ← | 25 |   |   |   |   |   |   |   |   |   |   |   |   |   |   |   |   |   |   |   |   |   |   |   |   |   |   | 25 | ← |
| → | 24 | - | - | - | - | - | - | - | - | - | - | - | - | - | - | - | - | - | - | - | - | - | - | - | - | - | - | 24 | → |
| ← | 23 |   |   |   |   |   |   |   |   |   |   |   |   |   |   |   |   |   |   |   |   |   |   |   |   |   |   | 23 | ← |
|   | 21 |   |   |   |   |   |   |   |   |   |   |   |   |   |   |   |   |   |   |   |   |   |   |   |   |   |   | 21 |   |
|   | ⋮  |   |   |   |   |   |   |   |   |   |   |   |   |   |   |   |   |   |   |   |   |   |   |   |   |   |   | ⋮  |   |
| → | 6  | - | - | - | - | - | - | - | - | - | - | - | - | - | - | - | - | - | - | - | - | - | - | - | - | - | - | 6  | → |
| ← | 5  |   |   |   |   |   |   |   |   |   |   |   |   |   |   |   |   |   |   |   |   |   |   |   |   |   |   | 5  | ← |
| → | 4  | - | - | - | - | - | - | - | - | - | - | - | - | - | - | - | - | - | - | - | - | - | - | - | - | - | - | 4  | → |
| ← | 3  |   |   |   |   |   |   |   |   |   |   |   |   |   |   |   |   |   |   |   |   |   |   |   |   |   |   | 3  | ← |
| → | 2  | - | - | - | - | - | - | - | - | - | - | - | - | - | - | - | - | - | - | - | - | - | - | - | - | - | - | 2  | → |
| ← | 1  |   |   |   |   |   |   |   |   |   |   |   |   |   |   |   |   |   |   |   |   |   |   |   |   |   |   | 1  | ← |

직전 패턴에서 코 줍기

- ☐ 겉면에서 겉뜨기, 안면에서 안뜨기
- − 겉면에서 안뜨기, 안면에서 겉뜨기
- ● 엎어 코 마무리

SLOWMELODII

# 느린멜로디의
# 서술형 가이드

## 01. PATTERN 01

**1단(겉면)_** 실 끝에서 약 50cm 되는 부분부터 30코를 만듭니다.
**2단(안면)~52단(안면)_** 모든 단을 겉뜨기 한 뒤, 편물을 뒤집어 코를 엎습니다.

## 02. PATTERN 02-29

각 가터뜨기 박스 번호별로 색을 바꿔가며 작업해주세요. 모든 조각은 26단(안면)까지 뜨고 편물을 뒤집어 코 엎기를 합니다.
편물 옆면(가장자리)의 코를 주울 땐 가터라인의 양끝 코에서 줍고, 위와 아래에서 코를 주울 땐 코 줍는 부분이 두꺼워지지 않도록 코의 절반만 주워주세요.
PATTERN 02와 04를 제외한 박스의 가터라인 가장자리에서 줍는 코는 모두 13코로 동일합니다.
[PATTERN 박스의 단수÷2]가 가장자리에서 줍는 코의 수입니다. 안뜨기 라인의 코머리에서만 코를 줍기 때문입니다. 가장자리 라인이 아닌 면에서 코를 주울 땐 1:1로 줍습니다.

### ★ 각 PATTERN 박스 별 줍는 콧수

예) PATTERN 05 = 13코(PATTERN 04 가터라인 가장자리) + 30코(PATTERN 01의 윗면) + 13코
(PATTERN 02 가터라인 가장자리) = 56코

## 03. 마무리하기

뜨기가 모두 끝났다면 끝이 뾰족한 돗바늘을 이용해 남은 실을 정리합니다. 최대한 같은 색의 편물 사이사이로 숨겨야 깔끔하게 정리됩니다.

## 07

### 교차무늬 얀백
(YARN BAG)

실 한 타래를 넣더라도 예쁘게!

작품 난이도 ★★★☆☆

## How to Make

### 재료

울(60g) 내외

**바늘_** 줄바늘(Circular Needle) 4.5mm, 교차무늬용 바늘(Cable Needle), 끝이 구부러진 돗바늘, 끝이 뾰족한 돗바늘

### 게이지
교차무늬 한 무늬(15코 10단): 6.5×4cm
안메리야스 무늬 사방 10cm: 15.5코 24단

### 완성 크기
가로 28cm, 세로 27cm

### 무게
57g

### 필요한 뜨개 기법
손가락으로 만드는 기초 코 / 겉뜨기 / 안뜨기 / 교차무늬 뜨기 / 코 엎기 / 감아 코 만들기 / 솔기 잇기

### SLOWMELODII'S TIP
1. 교차무늬 바늘을 이용해 교차무늬를 뜨면 모양이 고르고 예쁜 무늬를 뜰 수 있습니다.
2. 코바늘을 이용한 별실로 풀어내는 코를 만들지 않아도 반대편에서 코를 주워 편물을 뜰 수 있는 방법을 소개합니다.

## 교차무늬 얀백

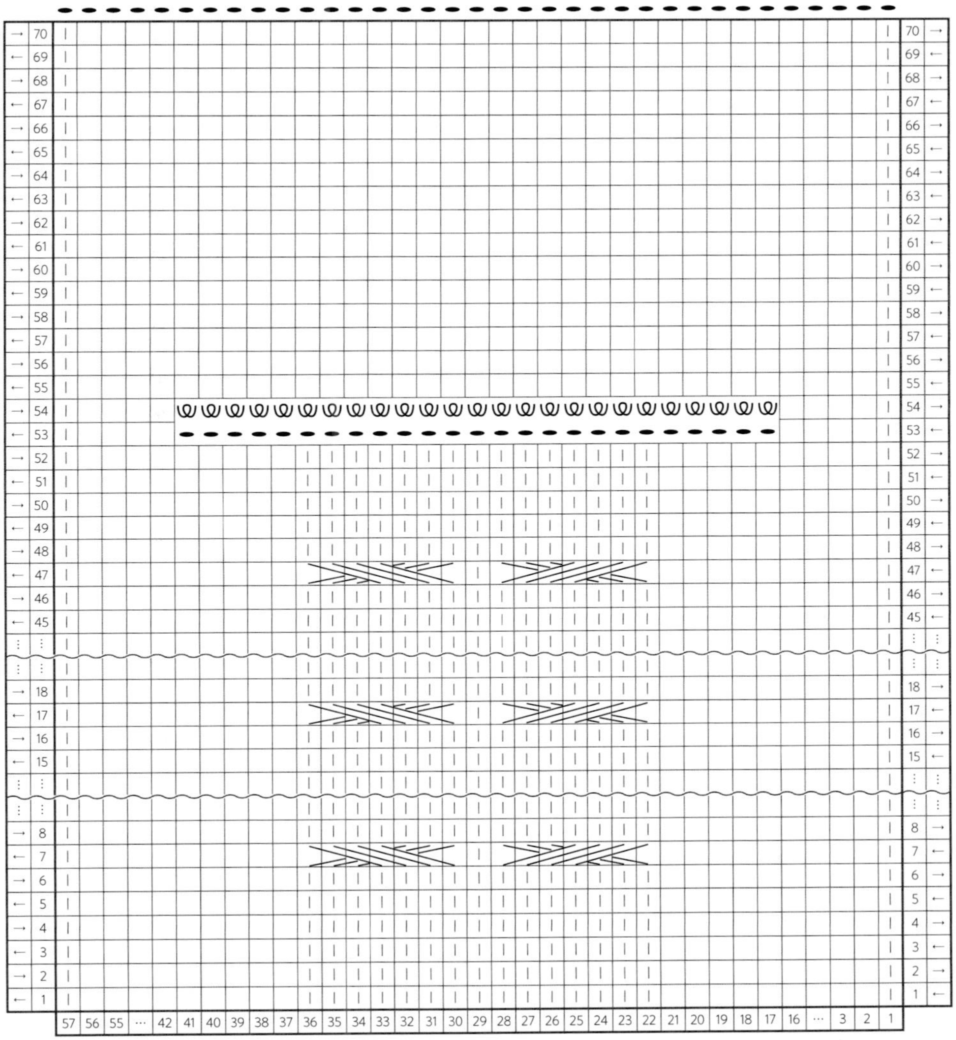

|  |  |
|---|---|
| │ | 겉면에서 겉뜨기, 안면에서 안뜨기 |
| □ | 겉면에서 안뜨기, 안면에서 겉뜨기 |
| ● | 엎어 코 마무리 |
| ʊ | 감아 코 만들기 |

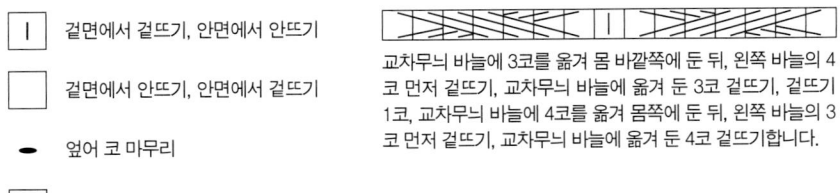

교차무늬 바늘에 3코를 옮겨 몸 바깥쪽에 둔 뒤, 왼쪽 바늘의 4코 먼저 겉뜨기, 교차무늬 바늘에 옮겨 둔 3코 겉뜨기, 겉뜨기 1코, 교차무늬 바늘에 4코를 옮겨 몸쪽에 둔 뒤, 왼쪽 바늘의 3코 먼저 겉뜨기, 교차무늬 바늘에 옮겨 둔 4코 겉뜨기합니다.

SLOWMELODII

# 느린멜로디의 서술형 가이드

## 01. 코 만들기

**1단(겉면)_** 실 끝에서 약 90cm 되는 부분부터 느슨하게 57코를 만듭니다.

## 02. 가방 뜨기

**2단(안면)~52단(안면)_** → 모든 교차무늬 단(17단, 27단, 37단, 47단)을 동일하게 작업합니다.
**모든 짝수 단(안면)_** 안뜨기 1코, 마지막 1코 전까지 겉뜨기, 안뜨기 1코를 뜹니다.
**교차무늬 단이 아닌 홀수 단(겉면)_** 겉뜨기 1코, 마지막 한 코 전까지 안뜨기, 겉뜨기 1코를 뜹니다.

**교차무늬 단(겉면)_** 겉뜨기 1코, 안뜨기 20코, 교차무늬 바늘에 3코를 옮겨 몸 바깥쪽에 둔 뒤 왼쪽 바늘의 4코 먼저 겉뜨기, 교차무늬 바늘에 옮겨둔 3코 겉뜨기, 겉뜨기 1코, 교차무늬 바늘에 4코를 옮겨 몸 쪽에 둔 뒤 왼쪽 바늘의 3코 먼저 겉뜨기, 교차무늬 바늘에 옮겨둔 4코 겉뜨기, 안뜨기 20코, 겉뜨기 1코를 뜹니다.

## 03. 손잡이 만들기

**53단(겉면)_** 겉뜨기 1코, 안뜨기 15코, 25코 엎기, 안뜨기 15코, 겉뜨기 1코를 뜹니다.
**54단(안면)_** 안뜨기 1코, 겉뜨기 15코, 감아 코 25코 만들기, 겉뜨기 15코, 안뜨기 1코를 뜹니다.
**55단(겉면)~70단(안면)**
- 모든 홀수 단_ 겉뜨기 1코, 마지막 한 코 전까지 안뜨기, 겉뜨기 1코를 뜹니다.
- 모든 짝수 단_ 안뜨기 1코, 마지막 한 코 전까지 겉뜨기, 안뜨기 1코를 뜹니다.

## 04. 코 엎기

편물의 겉을 바라보며 코 엎기를 합니다.

## 05. 코 줍기

코를 만들었던 부분을 위로 가게 두어 편물에 사용된 바늘보다 한 치수 작은 크기의 바늘로 코를 줍습니다. 코를 주울 때 바늘 사이즈를 줄여서 주우면 코가 늘어지지 않습니다.

## 06. 가방 반대면 뜨기

**2단(안면)~70단(안면)_** 먼저 뜬 반대쪽 편물과 같은 방법으로 뜹니다.

## 07. 가방 모양 잡기

가방의 옆선을 잇기 전에 스팀으로 편물의 말린 부분을 펴주면 솔기를 잇기가 더 수월합니다.

## 08. 솔기 잇기

각 면의 편물 가장 첫 단에 마커를 걸어두면 옆선을 이을 때 중심 찾기가 편리합니다. 각 단에 한 번씩 싱커 루프를 통과해 가방 옆선을 이어주세요.

## 09. 마무리하기

옆선을 이었다면 편물의 안쪽으로 실을 감춰 마무리합니다.

## 08

### 배색 핸드워머

달콤한 당근케이크 맛이 날 것만 같은 색감의 배색 핸드워머예요.
겉뜨기와 안뜨기 그리고 코를 뜨지 않고
옆 바늘로 옮겨주는 걸러 뜨기를 이용한 작품입니다.

작품 난이도 ★★★☆☆

# How to Make

### 재료

울혼방사(브라운 20g, 아이보리 6g, 베이지 6g, 코랄 4g)

바늘_ 장갑바늘(Double Pointed Needles) 3.5mm 2자루, 끝이 구부러진 돗바늘, 끝이 뾰족한 돗바늘

### 게이지
메리야스 무늬 사방 10cm: 25코 35단
걸러 뜨기 한 무늬(1코 4단): 1.6×2cm

### 완성 크기
S 사이즈: 가로 8.5, 세로 15cm
M 사이즈: 가로 12cm, 세로 15cm

### 무게
S 사이즈: 21g
M 사이즈: 22g

### 필요한 뜨개 기법
손가락으로 만드는 기초 코 / 겉뜨기 / 안뜨기 / 걸러 뜨기 / 코 엎기 / 솔기 잇기

### SLOWMELODII'S TIP
1. 핸드워머의 길이를 길게 만들고 싶다면, 무늬 뜨기가 들어가지 않는 브라운색의 메리야스 단이나 고무뜨기 단을 2의 배수로 늘려주세요.
2. 핸드워머의 너비를 넓게 만들고 싶다면, 걸러 뜨기 무늬가 4코마다 반복되기 때문에 패턴에서 손등 부분 걸러 뜨기 무늬 1세트 추가, 손바닥 부분 메리야스 뜨기 4코를 추가하여 가로로 총 8코를 추가해서 제작합니다.

## 배색 핸드워머

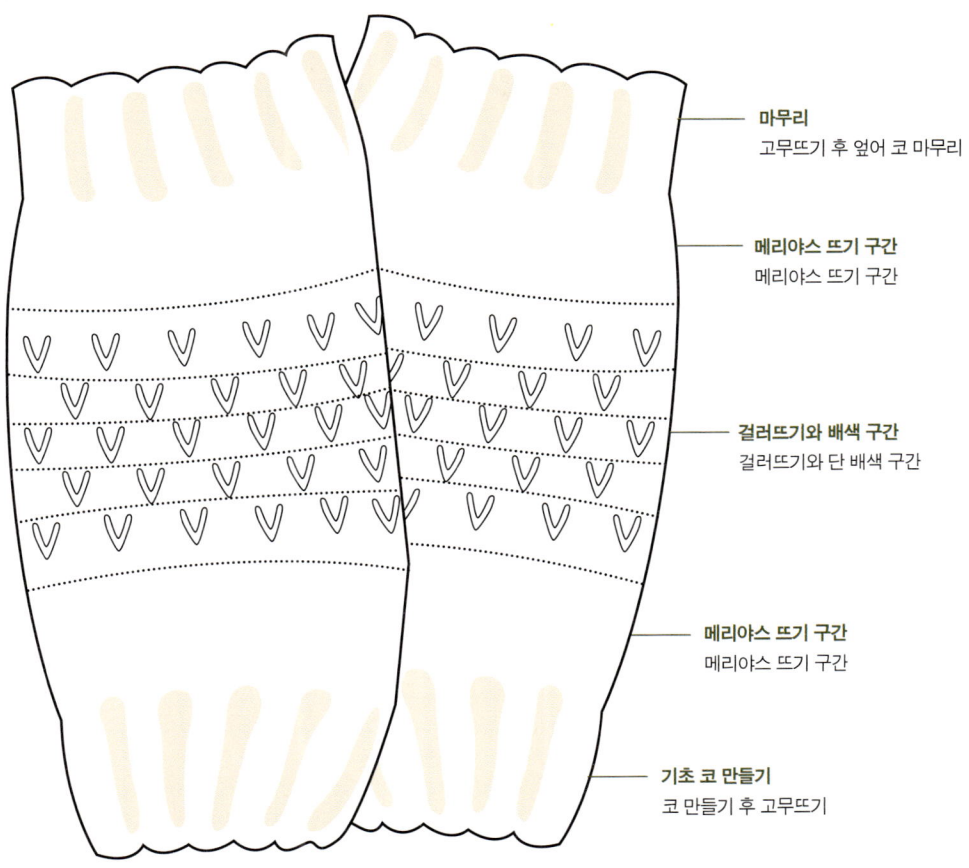

- **마무리**
  고무뜨기 후 엎어 코 마무리
- **메리야스 뜨기 구간**
  메리야스 뜨기 구간
- **걸러뜨기와 배색 구간**
  걸러뜨기와 단 배색 구간
- **메리야스 뜨기 구간**
  메리야스 뜨기 구간
- **기초 코 만들기**
  코 만들기 후 고무뜨기

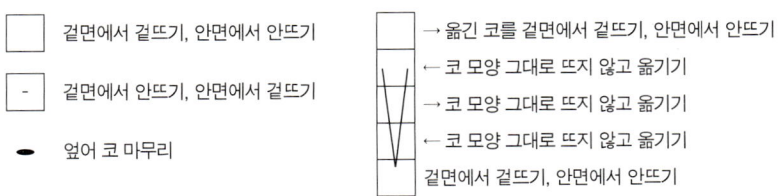

## 오른쪽(S)

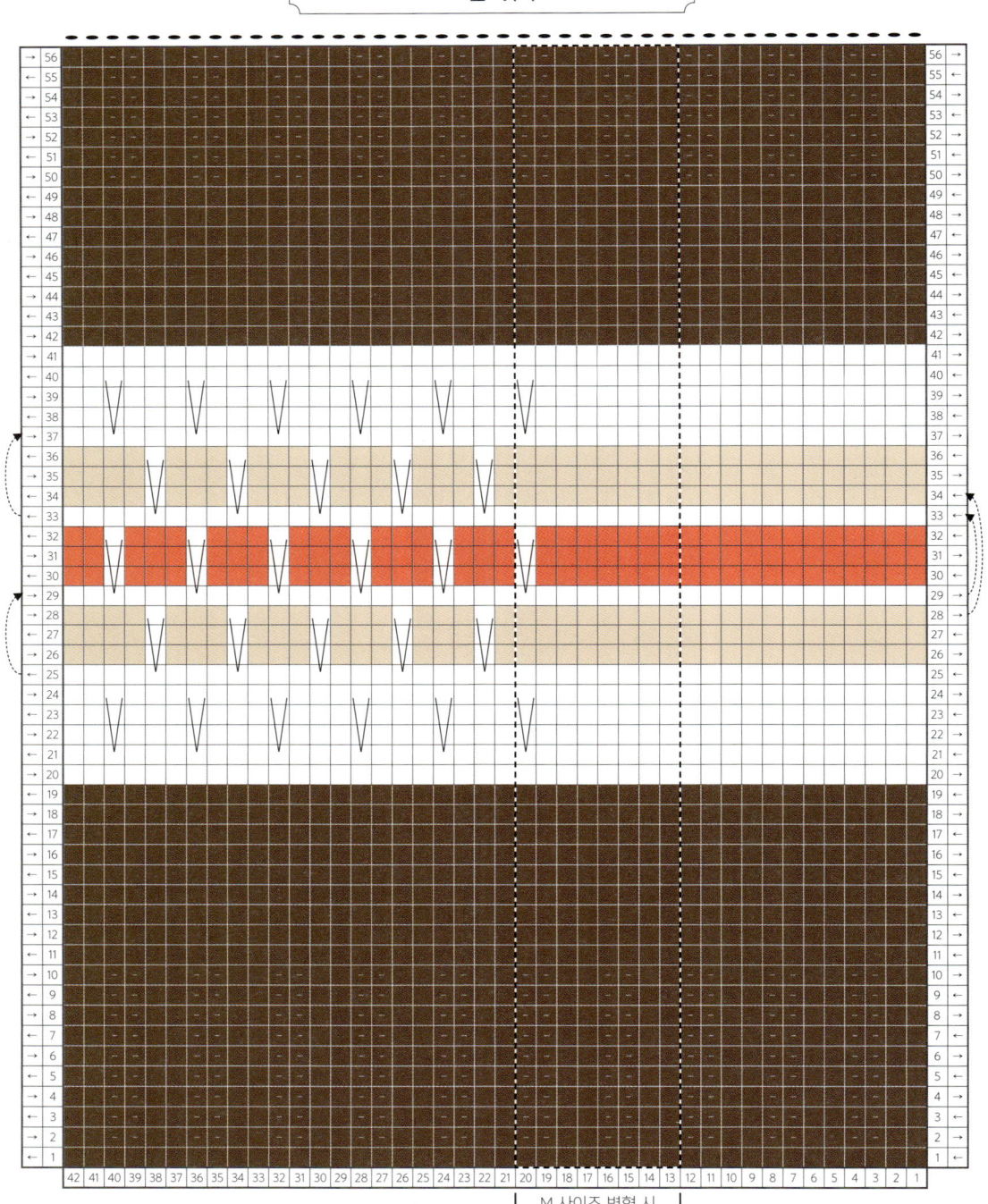

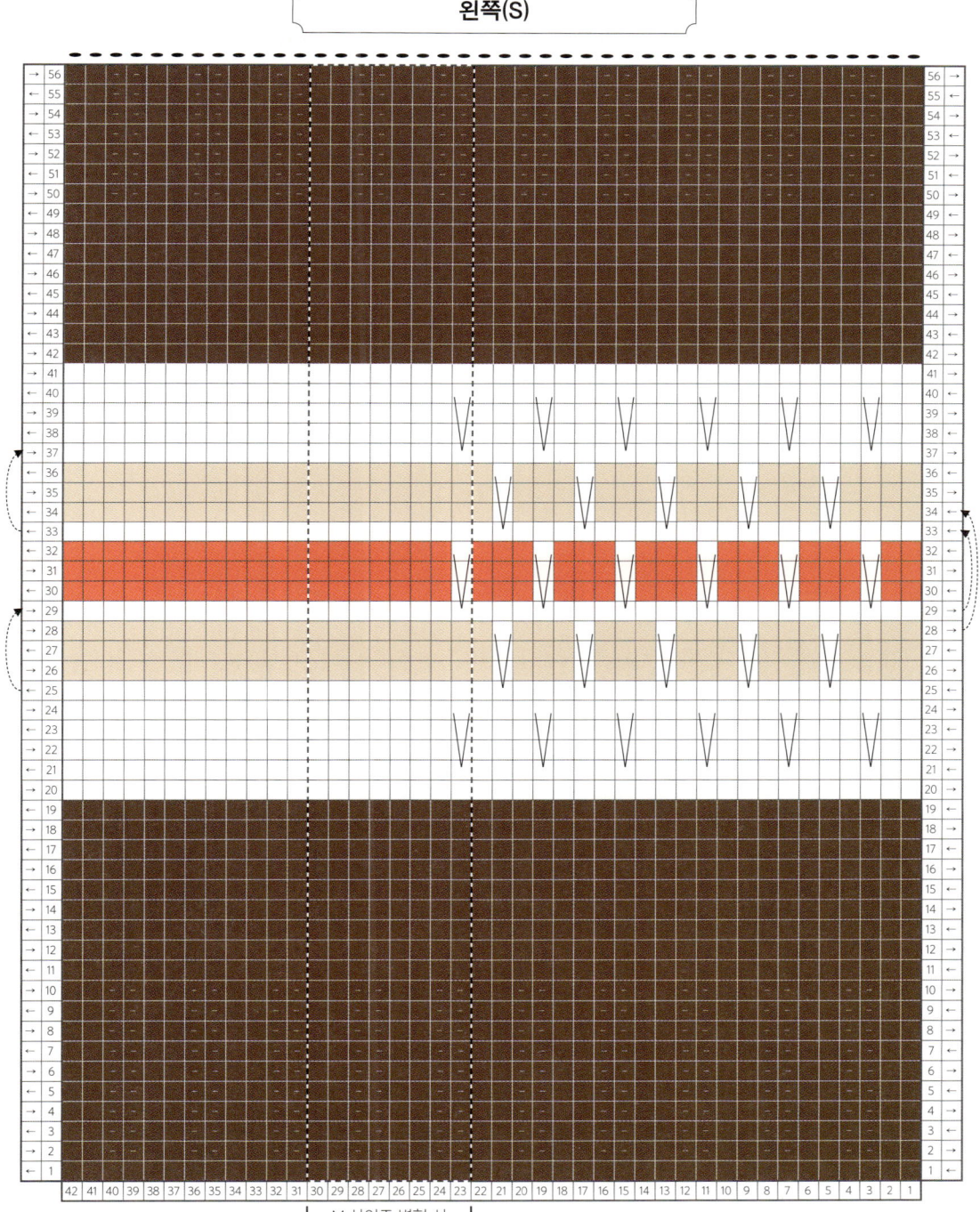

SLOWMELODII

# 느린멜로디의
# 서술형 가이드

## 배색 패턴에서 쉬는 실 끌어오기

사진을 참고하여 배색 패턴에서 쉬는 실은 단이 바뀔 때마다 아래에서 적당한 장력으로 끌어와 편물이 울지 않도록 해줍니다.

28단 시작

31단 시작

32단 시작

35단 시작

39단 시작

41단 시작

## 01. 코 만들기

**브라운색 실로 시작**

**1단(겉면)_** 실 끝에서 약 120cm 되는 부분부터 42코를 만들어주세요.
이 중 양끝의 각 1코씩은 솔기를 이을 때 필요한 시접코입니다. 코를 만들고 남은 긴 실 꼬리는 마지막에 편물의 솔기를 이을 때 사용하므로 자르지 말아주세요.

## 02. 두 코 고무뜨기

**2단(안면)_** [안뜨기 2코, 겉뜨기 2코]를 반복해 안뜨기 2코로 끝나는 2코 고무뜨기를 시작해주세요.

**3단(겉면)~10단(안면)**
홀수 단_ [겉뜨기 2코, 안뜨기 2코]를 반복해 겉뜨기 2코로 끝납니다.
짝수 단_ [안뜨기 2코, 겉뜨기 2코]를 반복해 안뜨기 2코로 끝납니다.

## 03. 메리야스 뜨기

**11단(겉면)~19단(겉면)_** 겉면은 모두 겉뜨기, 안면은 모두 안뜨기인 메리야스 뜨기를 합니다.

## 04. 걸러 뜨기 무늬 뜨기

**아이보리색 실 추가(브라운색 실은 그대로 쉬어주세요.)**

**20단(안면)_** 모두 안뜨기 합니다.

**21단(겉면)_** 모두 겉뜨기 합니다.

**22단(안면)**
오른손_ 안뜨기 2코, [걸러 뜨기 1코, 안뜨기 3코]×5, 걸러 뜨기 1코, 끝까지 안뜨기 합니다.
왼손_ 안뜨기 19코, [걸러 뜨기 1코, 안뜨기 3코]×5, 걸러 뜨기 1코, 안뜨기 2코를 뜹니다.

**23단(겉면)**
오른손_ 겉뜨기 19코, [걸러 뜨기 1코, 겉뜨기 3코]×5, 걸러 뜨기 1코, 겉뜨기 2코를 뜹니다.
왼손_ 겉뜨기 2코, [걸러 뜨기 1코, 겉뜨기 3코]×5, 걸러 뜨기 1코, 겉뜨기 19코를 뜹니다.

**24단(안면)**
오른손_ 안뜨기 2코, [걸러 뜨기 1코, 안뜨기 3코]×5, 걸러 뜨기 1코, 끝까지 안뜨기 합니다.
왼손_ 안뜨기 19코, [걸러 뜨기 1코, 안뜨기 3코]×5, 걸러 뜨기 1코, 안뜨기 2코를 뜹니다.

**25단(겉면)**_ 모두 겉뜨기 합니다.

### 베이지색 실 추가(아이보리색 실과 브라운색 실은 그대로 쉬어주세요.)
**26단(안면)**

오른손_ 안뜨기 4코, [걸러 뜨기 1코, 안뜨기 3코]×4, 걸러 뜨기 1코, 끝까지 안뜨기 합니다.

왼손_ 안뜨기 21코, [걸러 뜨기 1코, 안뜨기 3코]×4, 걸러 뜨기 1코, 안뜨기 4코를 뜹니다.

**27단(겉면)**

오른손_ 겉뜨기 21코, [걸러 뜨기 1코, 겉뜨기 3코]×4, 걸러 뜨기 1코, 겉뜨기 4코를 뜹니다.

왼손_ 겉뜨기 4코, [걸러 뜨기 1코, 겉뜨기 3코]×4, 걸러 뜨기 1코, 겉뜨기 21코를 뜹니다.

**28단(안면)**

오른손_ 안뜨기 4코, [걸러 뜨기 1코, 안뜨기 3코]×4, 걸러 뜨기 1코, 끝까지 안뜨기 합니다.

왼손_ 안뜨기 21코, [걸러 뜨기 1코, 안뜨기 3코]×4, 걸러 뜨기 1코, 안뜨기 4코를 뜹니다.

**29단**_ 편물을 뒤집지 않은 채로, 아래에 쉬고 있던 아이보리색 실을 편물이 울지 않을 정도의 힘으로 위로 끌어와 모두 안뜨기 합니다.

### 코랄색 실 추가(베이지색 실, 아이보리색 실, 브라운색 실은 그대로 쉬어주세요.)
**30단(겉면)**

오른손_ 겉뜨기 19코, [걸러 뜨기 1코, 겉뜨기 3코]×5, 걸러 뜨기 1코, 겉뜨기 2코를 뜹니다.

왼손_ 겉뜨기 2코, [걸러 뜨기 1코, 겉뜨기 3코]×5, 걸러 뜨기 1코, 겉뜨기 19코를 뜹니다.

**31단(안면)**

오른손_ 안뜨기 2코, [걸러 뜨기 1코, 안뜨기 3코]×5, 걸러 뜨기 1코, 끝까지 안뜨기 합니다.

왼손_ 안뜨기 19코, [걸러 뜨기 1코, 안뜨기 3코]×5, 걸러 뜨기 1코, 안뜨기 2코를 뜹니다.

**32단(겉면)**

오른손_ 겉뜨기 19코, [걸러 뜨기 1코, 겉뜨기 3코]×5, 걸러 뜨기 1코, 겉뜨기 2코를 뜹니다.

왼손_ 겉뜨기 2코, [걸러 뜨기 1코, 겉뜨기 3코]×5, 걸러 뜨기 1코, 겉뜨기 19코를 뜹니다.

→ 코랄색 실 꼬리를 10cm 정도 남긴 채 끊어줍니다.

**33단**_ 편물을 뒤집지 않은 채로, 아래에 쉬고 있던 아이보리색 실을 편물이 울지 않을 정도의 힘으로 위로 끌어와 모두 겉뜨기 합니다.

### 베이지색 실로 변경(아이보리색 실과 브라운색 실은 그대로 쉬어주세요.)
**34단(겉면)**

오른손_ 겉뜨기 21코, [걸러 뜨기 1코, 겉뜨기 3코]×4, 걸러 뜨기 1코, 겉뜨기 4코를 뜹니다.

왼손_ 겉뜨기 4코, [걸러 뜨기 1코, 겉뜨기 3코]×4, 걸러 뜨기 1코, 겉뜨기 21코를 뜹니다.

**35단(안면)**

오른손_ 안뜨기 4코, [걸러 뜨기 1코, 안뜨기 3코]×4, 걸러 뜨기 1코, 끝까지 안뜨기 합니다.

왼손_ 안뜨기 21코, [걸러 뜨기 1코, 안뜨기 3코]×4, 걸러 뜨기 1코, 안뜨기 4코를 뜹니다.

**36단(겉면)**

오른손_ 겉뜨기 21코, [걸러 뜨기 1코, 겉뜨기 3코]×4, 걸러 뜨기 1코, 겉뜨기 4코를 뜹니다.

왼손_ 겉뜨기 4코, [걸러 뜨기 1코, 겉뜨기 3코]×4, 걸러 뜨기 1코, 겉뜨기 21코를 뜹니다.

→ 베이지색 실 꼬리를 10cm 정도 남기고 잘라줍니다.

**37단**_ 편물을 뒤집어, 아래에 쉬고 있던 아이보리색 실을 편물이 울지 않을 정도의 힘으로 위로 끌어와 모두 안뜨기 합니다.

**아이보리색 실로 변경(브라운색 실은 그대로 쉬어주세요.)**

**38단(겉면)**

오른손_ 겉뜨기 19코, [걸러 뜨기 1코, 겉뜨기 3코]×5, 걸러 뜨기 1코, 겉뜨기 2코를 뜹니다.

왼손_ 겉뜨기 2코, [걸러 뜨기 1코, 겉뜨기 3코]×5, 걸러 뜨기 1코, 겉뜨기 19코를 뜹니다.

**39단(안면)**

오른손_ 안뜨기 2코, [걸러 뜨기 1코, 안뜨기 3코]×5, 걸러 뜨기 1코, 끝까지 안뜨기 합니다.

왼손_ 안뜨기 19코, [걸러 뜨기 1코, 안뜨기 3코]×5, 걸러 뜨기 1코, 안뜨기 2코를 뜹니다.

**40단(겉면)**

오른손_ 겉뜨기 19코, [걸러 뜨기 1코, 겉뜨기 3코]×5, 걸러 뜨기 1코, 겉뜨기 2코를 뜹니다.

왼손_ 겉뜨기 2코, [걸러 뜨기 1코, 겉뜨기 3코]×5, 걸러 뜨기 1코, 겉뜨기 19코를 뜹니다.

**41단(안면)**_ 모두 안뜨기 합니다.

→ 아이보리색 실 꼬리를 10cm 정도 남기고 잘라줍니다.

## 05. 메리야스 뜨기

**브라운색 실로 마무리**

**42단(안면)~49단(겉면)**_ 메리야스 뜨기를 합니다.

## 06. 두 코 고무뜨기

**50단(안면)~56단(안면)**_ 손목 부분과 동일한 2코 고무뜨기 합니다.

## 07. 코 엎기

고무뜨기 모양에 맞춰 겉뜨기와 안뜨기를 2코씩 뜨면서 코를 엎어 마무리합니다.
마지막 코는 바늘 사이로 한 번 더 통과시켜 마무리합니다.

## 08. 솔기 잇기

코 만들 때 여분으로 길게 남겨두었던 실로 엄지손가락 구멍을 제외하고 메리야스 솔기를 이어줍니다. 이때 26단(아이보리색)~36단(아이보리색)은 솔기를 잇지 않고 엄지손가락 구멍을 만들어줍니다.

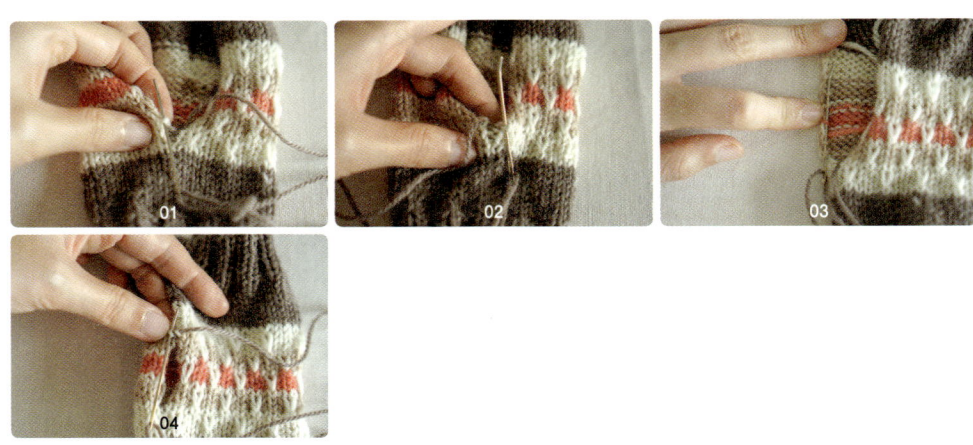

사용자의 손 모양에 따라 엄지손가락 구멍의 위치과 크키는 조절하여 더 크거나 작게 만듭니다.
남은 실 꼬리는 이어준 솔기 사이사이의 실을 갈라 감춰줍니다.

## 09

## 고무뜨기
## 기본형 비니

가볍고 따뜻한 활용도 만점의 비니,
간단해서 금세 뜰 수 있어요.

작품 난이도 ★★☆☆☆

*How to Make*

### 재료

알파카 혼방사(25g) 2볼 내외

**바늘_** 줄바늘(Circular Needle) 4.0mm 40cm, 끝이 뾰족한 돗바늘

### 게이지
고무뜨기 한 무늬(5코 2단): 2×0.5cm

### 완성 크기
둘레 48cm, 높이 22cm

### 무게
40g

### 필요한 뜨개 기법
손가락으로 만드는 기초 코 / 겉뜨기 / 안뜨기 / 원통 뜨기 / 왼코 모아뜨기 / 왼코 모아 안뜨기 / 여러 코 나눠 오므리기

### SLOWMELODII'S TIP
1. 모자와 같이 둘레가 어느 정도 있는 원통 뜨기 작업을 할 때는 바늘 길이를 그에 맞춰 매직 루프가 아닌 원통 뜨기 방법을 사용합니다.
2. 이 기본형 비니 도안의 콧수와 단수를 조금씩 변형하면 실과 바늘의 굵기가 달라지더라도 얼마든지 같은 모자를 완성할 수 있어요.

## 고무뜨기 기본형 비니

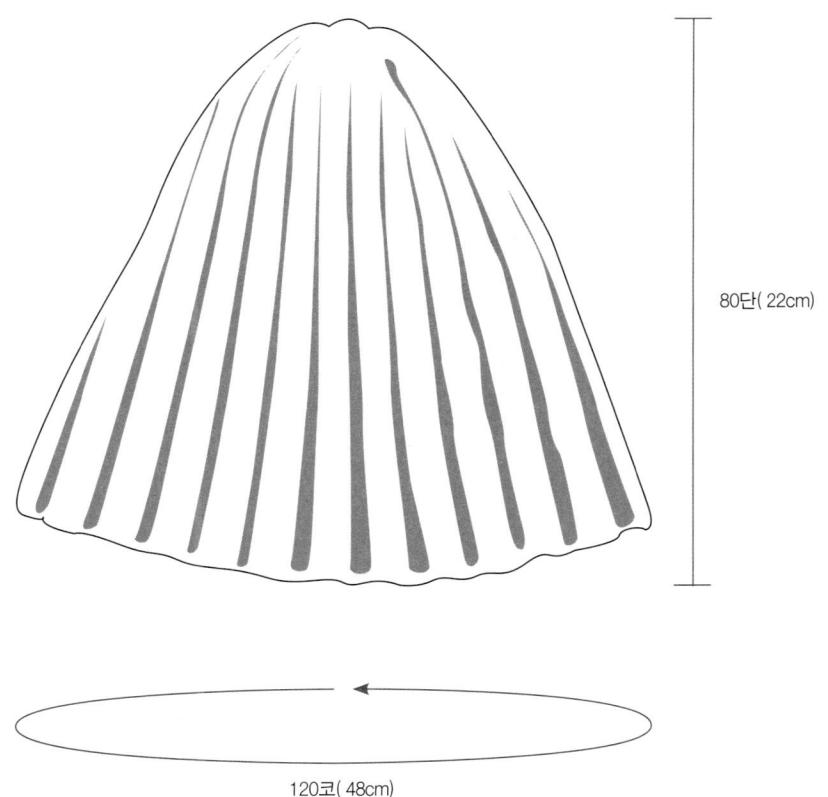

80단(22cm)

120코(48cm)

★ 도안의 ⅓만 표기되어 있습니다. 전체 콧수는 120코입니다.

여러 코 나눠 오므리기(안뜨기 코 먼저, 겉뜨기 코 나중에)

|  | 겉면에서 겉뜨기, 안면에서 안뜨기 |
|---|---|
| - | 겉면에서 안뜨기, 안면에서 겉뜨기 |
| ⋏ | 왼코 모아뜨기(두 개의 코를 동시에 겉뜨기) |
| ⩘ | 왼코 모아 안뜨기(두 개의 코를 동시에 안뜨기) |

## SLOWMELODII

# 느린멜로디의
# 서술형 가이드

## 01. 코 만들기

실 끝에서 약 160cm 되는 부분부터 120+1코를 느슨하게 만들어주세요. 원통으로 합쳐 2단을 뜨기 전에 첫 코를 마지막 코 안으로 넣어준 뒤, 실 꼬리와 떠야 할 실을 적당히 잡아당겨 코 늘어짐이 없도록 해주세요. 매직 루프 기법이 아닌 40cm 바늘로 한 번에 뜨기 때문에 2단 시작하기 직전 첫 코와 마지막 코의 경계에 작은 마커로 표시해두면 좋습니다.

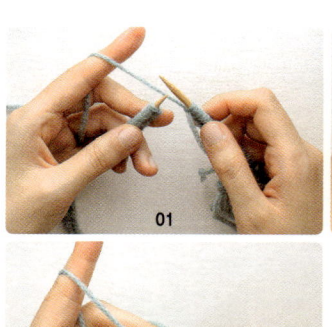
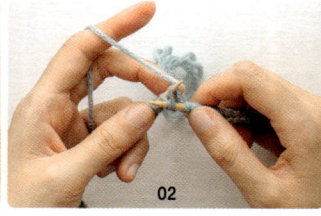

## 02. 원통 뜨기

**2~70단_** [겉뜨기 3코, 안뜨기 2코]를 반복합니다.

## 03. 코 줄이기

**71단_** [겉뜨기 3코, 왼코 모아 안뜨기]를 반복합니다.
→ 모든 안뜨기가 2코에서 1코로 줄어듭니다(총 96코).
**72~75단_** [겉뜨기 3코, 안뜨기 1코]를 반복합니다.
**76단_** [겉뜨기 1코, 왼코 모아뜨기, 안뜨기 1코]를 끝까지 반복합니다.
→ 모든 겉뜨기 3코 부분이 2코로 줄어듭니다(총 72코).
**77~79단_** [겉뜨기 2코, 안뜨기 1코]를 반복합니다.
**80단_** [왼코 모아뜨기, 안뜨기 1코]를 반복합니다.
→ 모든 겉뜨기 2코 부분이 1코로 줄어듭니다(총 48코).

## 04. 여러 코 나눠 오므리기

여러 개의 코를 한꺼번에 오므릴 때는 오므린 부분이 투박해지지 않도록 코를 나눠 두 번에 걸쳐 오므립니다.

남은 편물 둘레의 3배 정도의 실을 남기고 잘라 돗바늘에 끼워 모든 안뜨기 코에 순서대로 실을 통과시킵니다. 이렇게 먼저 실이 통과된 부분이 안쪽으로 말려 들어갑니다. 모든 안뜨기 코에 실이 통과했다면 이번에는 겉뜨기 코에 실을 통과시키며 바늘에서 차례로 코를 분리합니다.

여러 코에 통과된 실을 한 번에 조이다가 실이 끊어지거나 엉킬 수 있으므로 겉뜨기 코에 실을 통과시켰다면 미리 안뜨기 쪽을 지나간 실을 당겨 오므려둡니다. 그다음 겉뜨기를 통과한 실까지 모두 단단히 오므린 뒤 실 꼬리는 오므린 가운데로 넣어 안쪽으로 감춥니다.

## 05. 마무리하기

시작과 끝부분의 실 꼬리와 중간에 연결한 부분의 실 꼬리는 편물 안쪽으로 실을 갈라가며 감춰주세요.

## 10

### 레트로
### 파우치

두 가지 배색을 이용한 레트로한 감성이 물씬 풍기는 깅엄 체크 파우치예요.
상단에 통통한 아이코드 엣징으로 포인트를 줘 더욱 완성도를 높였습니다.

작품 난이도 ★★★☆☆

# How to Make

### 재료

코튼 아크릴 혼방사(메인 컬러 40g, 포인트 컬러 20g), 안감

**바늘_** 줄바늘(Circular Needle) 3.5mm, 줄바늘(Circular Needle) 4.0mm, 장갑바늘(Double Pointed Needles) 3.5mm, 모사용 코바늘 7/0호, 끝이 구부러진 돗바늘, 끝이 뾰족한 돗바늘

### 게이지
깅엄 체크 무늬 한 무늬(10코 10단): 4.2×3.8cm

### 완성 크기
가로 21cm, 세로 13cm

### 무게
33g(안감 미포함)

### 필요한 뜨개 기법
사슬뜨기(코바늘) / 별도 사슬로 만드는 기초 코 / 겉뜨기 / 안뜨기 / 가로 배색 뜨기 / 감아 코 만들기 / 아이코드 엣징 / 메리야스 솔기 잇기

### SLOWMELODII'S TIP
1. 파우치의 크기를 조절하고 싶다면, 가로 배색 패턴의 콧수와 단수를 바꿔주세요.
2. 기본형 파우치를 안감으로 사용하여 완성된 편물 안쪽에 덧대면 더욱 튼튼하게 사용할 수 있습니다.

메인 컬러
포인트 컬러

겉면에서 걸뜨기, 안면에서 안뜨기
S 감아 코 만들기

## SLOWMELODII

# 느린멜로디의
# 서술형 가이드

## 01. 코 만들기

**모사용 코바늘 7/0호, 대바늘 3.5mm 사용**

**1단(겉면)_** 여분의 실과 모사용 코바늘 7/0호를 이용해 사슬코를 57코 만듭니다. 3.5mm 바늘과 메인 컬러 실을 이용해 마지막 코의 사슬산부터 역순으로 코를 줍습니다. 이때 실의 40cm 지점부터 첫 코를 주워주세요. 이 40cm의 실 꼬리는 나중에 솔기를 이을 때 사용됩니다.

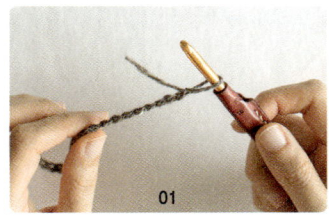  

**2단(안면)_** 모두 안뜨기 해주세요.

**3단(겉면)~6단(안면)**

3단, 5단(겉면)은 모두 겉뜨기 합니다.
4단, 6단(안면)은 모두 안뜨기 합니다.

2가지 색으로 가로 배색 뜨기를 할 때 기억해야 할 것은 포인트가 되어야 할 컬러를 아래로, 그 외의 컬러를 위로 건네며 뜨는 것입니다.

## 02. 가로 배색 뜨기 구간

**4.0mm 바늘 사용**

**7단(겉면)**_ 이제 4.0mm 대바늘로 바꿔주세요. 바늘을 바꾸는 이유는 한 가닥의 실로 뜨는 구간과 배색 구간의 장력 차이로 인해 편물의 크기가 달라질 수 있기 때문입니다.
메인 컬러로 첫 코를 뜰 때, 실을 오른쪽 바늘에 걸기 전 그 실 위에 포인트 컬러 실을 얹어준 채 감싸면서 떠줍니다.

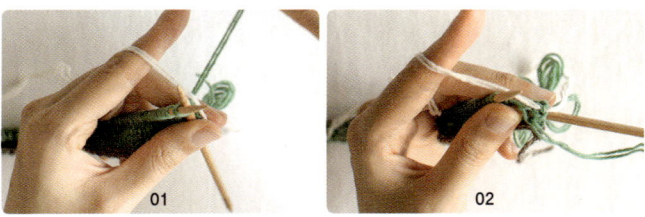

패턴 차트를 참고하여 포인트 컬러와 메인 컬러를 번갈아 한 코씩 겉뜨기 해주세요.

**8단(안면)**_ 패턴 차트를 참고하여 포인트 컬러와 메인 컬러를 안뜨기 해주세요. 같은 컬러가 연속될 때 코와 코 사이가 너무 바짝 당겨지지 않도록 장력에 유의하며 떠야 합니다. 단이 바뀌며 편물을 뒤집을 때엔 항상 마지막에 작업한 코가 아닌 색의 실이 마지막 코의 실을 한 번 교차하는 방향으로 뒤집어야 바뀌는 단의 첫 코 모양이 바르게 잡힙니다.

**9단(겉면)~31단(겉면)_** 패턴 차트를 참고하여 포인트 컬러와 메인 컬러로 가로 배색 뜨기를 해주세요. 3코 이상 같은 색이 연결될 때는 다른 색의 실을 한 번 걸쳐야 편물이 예쁘게 나옵니다.

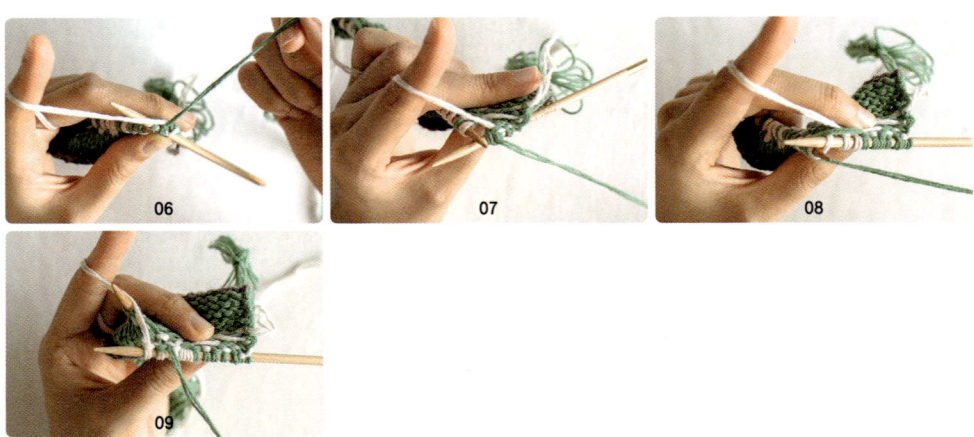

31단(겉면)이 끝나면 포인트 컬러는 돗바늘로 정리할 수 있을 만큼 남기고 자릅니다.

**32단(안면)~36단(안면)_** 다시 3.5mm 바늘로 바꿔 메인 컬러로 메리야스 뜨기를 하고 돗바늘로 정리할 수 있을 만큼 남기고 실을 자른 뒤, 여분의 바늘에 57코를 모두 덜어둡니다.

## 03. 별도 사슬코 풀어내 코 줍기

별도의 실을 풀어낼 때는 편물의 안쪽을 바라보며 오른쪽에서부터 한 코씩 풀어 바늘에 끼웁니다. 미리 실을 다 풀어내어 한꺼번에 바늘에 꿰려고 하면 코가 풀릴 수 있으니 하나씩 차근차근 끼워주세요.

마지막 코는 한 번 비틀어 루프 모양대로 바늘에 끼웁니다.

별도의 실을 풀어내며 바늘에 끼웠으면 메인 컬러 실 40cm 지점부터 3.5mm 대바늘을 이용하여 56코를 주워줍니다. 마지막 코는 뒤집어 실 꼬리를 걸쳐 한꺼번에 모아 뜹니다. 이렇게 코를 주운 단이 1단(겉면)입니다.

**2단(안면)~36단(안면)_** 반대 편물의 2~36단과 동일하게 떠주되, 36단 이후 실을 자르지 않고 다 뜬 편물 또한 바늘에 그대로 둡니다.

## 04 아이코드 엣징

앞, 뒷면 모두 36단까지 떴다면 이제 겉면을 바라본 채 코를 엎어가며 아이코드 엣징을 둘러주세요.

**37단(겉면)_** 먼저 감아 코를 이용해 2코를 만들어준 뒤, 겉뜨기를 3코 뜹니다.

[다시 바늘 왼쪽으로 모든 코를 이동시키고 겉뜨기 2코를 떠주세요. 세 번째 코와 네 번째 코의 루프 뒤쪽으로 동시에 오른쪽 바늘을 넣어 한꺼번에 모아뜨기] 합니다. [~]를 반대 편물의 덜어둔 코를 포함하여 모든 코가 3코 남을 때까지 반복합니다.

돗바늘로 정리할 수 있을 만큼의 실을 남기고 자릅니다.

돗바늘로 코의 루프 모양을 만들어주며 아이코드의 양끝을 연결합니다. 편물 안쪽의 실을 정리하고, 필요하다면 파우치에 안감을 덧대 더욱 단단하게 모양을 잡아주세요.

11

## 스퀘어 파우치
~~~~~~~~~~

포근한 다섯 가지 색상으로 세로 배색을 이용한 대바늘 배색 스퀘어 파우치예요.
상단에 통통한 아이코드 엣징으로 포인트를 줘 더욱 완성도를 높였어요.

작품 난이도 ★★★☆☆

# How to Make

### 재료

코튼 아크릴 혼방사(상, 하단과 무늬에 사용되는 컬러 A, 나머지 B, C, D, E 컬러 각 20g)

**바늘_** 줄바늘(Circular Needle) 3.5mm, 장갑바늘(Double Pointed Needles) 3.5mm, 모사용 코바늘 7/0호, 끝이 구부러진 돗바늘, 끝이 뾰족한 돗바늘

### 게이지
스퀘어 한 컬러의 무늬(10코 14단): 4.2×4cm

### 완성 크기
가로 21cm, 세로 13cm

### 무게
33g(안감 미포함)

### 필요한 뜨개 기법
사슬뜨기(코바늘) / 별도 사슬로 만드는 기초 코 / 겉뜨기 / 안뜨기 / 세로 배색 뜨기 / 감아 코 만들기 / 메리야스 솔기 잇기

### SLOWMELODII'S TIP
1. 파우치의 크기를 조절하고 싶다면, 세로 배색 패턴의 콧수와 단수를 조절해주세요.
2. 기본형 파우치를 안감으로 사용하여 완성된 편물 안쪽에 덧대면 더욱 튼튼하게 사용할 수 있습니다.

## 스퀘어 파우치

**FIRST STEP**

- **코 쉬어두기**
  앞면의 메리야스 뜨기가 모두 끝난 뒤 쉬어주기
- **배색 구간**
  세로 배색 뜨기와 메리야스 뜨기 세 번째 구간
- **배색 구간**
  세로 배색 뜨기와 메리야스 뜨기 두 번째 구간
- **배색 구간**
  세로 배색 뜨기와 메리야스 뜨기 첫 번째 구간
- **기초 코 만들기**
  모사용 코바늘 7/0호를 이용해 사슬코로 별실 잡아 코 만들기

**SECOND STEP**

I-CORD EDGING

- **마무리(아이코드 엣징)**
  앞, 뒷면의 메리야스 뜨기가 모두 끝난 뒤 아이코드 엣징으로 마무리
- **배색 구간**
  세로 배색 뜨기와 메리야스 뜨기 세 번째 구간
- **배색 구간**
  세로 배색 뜨기와 메리야스 뜨기 두 번째 구간
- **배색 구간**
  세로 배색 뜨기와 메리야스 뜨기 첫 번째 구간
- **별도 실 풀어내기**
  장갑바늘 3.5mm를 이용해 별실을 풀어내며 코 줍기

## COLORWORK

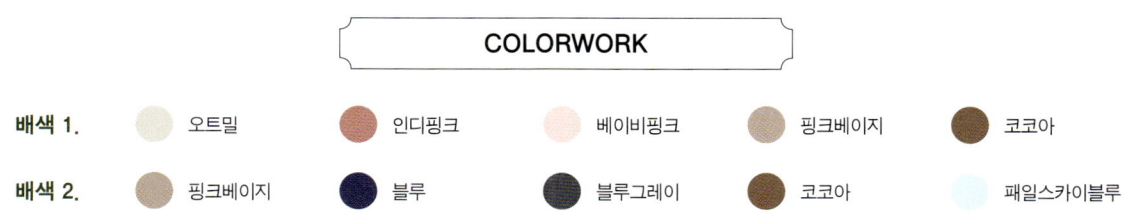

배색 1.  오트밀   인디핑크   베이비핑크   핑크베이지   코코아

배색 2.  핑크베이지   블루   블루그레이   코코아   패일스카이블루

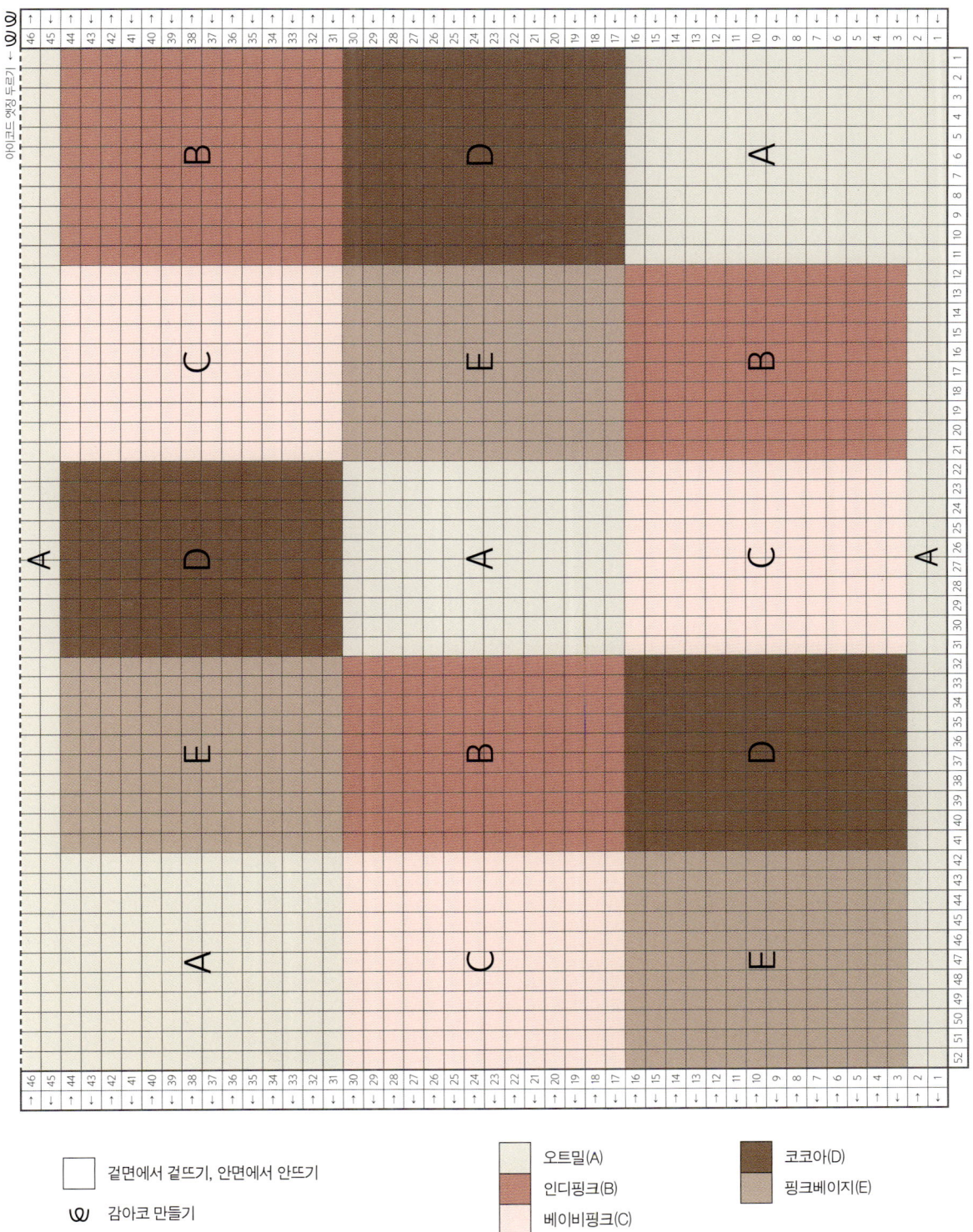

|  | 오트밀(A) |  | 코코아(D) |
|---|---|---|---|
|  | 인디핑크(B) |  | 핑크베이지(E) |
|  | 베이비핑크(C) |  |  |

겉면에서 겉뜨기, 안면에서 안뜨기

감아코 만들기

SLOWMELODII

# 느린멜로디의 서술형 가이드

## 01. 코 만들기

**1단(겉면)_** 여분의 실과 모사용 코바늘 7/0호를 이용해 사슬코 52코를 만듭니다. 3.5mm 바늘과 A 컬러 실을 이용해 마지막 코의 사슬산부터 역순으로 코를 줍습니다. 이때 실의 40cm 지점부터 첫 코를 주워주세요. 이 40cm의 실 꼬리는 나중에 솔기를 이을 때 사용됩니다.
**2단(안면)_** 모두 안뜨기 해주세요.

## 02. 세로 배색 뜨기 구간

세로로 실을 건네는 세로 배색 뜨기를 할 때 기억해야 할 것은 실의 색상이 바뀔 때 먼저 뜨던 실을 새로 뜰 실 위에 걸쳐 고정시키며 바꿔준다는 점입니다.
**3단(겉면)_** A 컬러로 겉뜨기 10코를 뜬 뒤, 11번째 겉뜨기를 뜰 때 A 컬러 위에 B 컬러를 얹어 감싸며 떠주세요.

B 컬러로 바꿔 겉뜨기 9코를 뜬 뒤, 10번째 겉뜨기를 할 때 B 컬러 위에 C 컬러를 얹어 감싸며 떠주세요.

C 컬러로 바꿔 겉뜨기 9코를 뜬 뒤, 10번째 겉뜨기를 할 때 C 컬러 위에 D 컬러를 얹어 감싸며 떠주세요.

D 컬러로 바꿔 겉뜨기 9코를 뜬 뒤, 10번째 겉뜨기를 할 때 D 컬러 위에 E 컬러를 얹어 감싸며 떠주세요. E 컬러로 바꿔 겉뜨기 11코를 떠주세요.

3단을 뜨고 나면 총 다섯 컬러의 덩이가 한 바늘에 걸린 상태가 됩니다.

**4단(안면)_** E 컬러를 이용해 안뜨기 11코를 뜬 뒤, D 컬러로 E 컬러를 감싸듯 교차해 실을 바꿔주세요.

D 컬러로 안뜨기 10코를 뜬 뒤, C 컬러로 D 컬러를 감싸듯 교차해 실을 바꿔주세요.

C 컬러로 안뜨기 10코를 뜬 뒤, B 컬러로 C 컬러를 감싸듯 교차해 실을 바꿔주세요. B 컬러로 안뜨기 10코를 뜬 뒤, A 컬러로 B 컬러를 감싸듯 교차해 실을 바꿔주세요. A 컬러로 바꿔 안뜨기 11코를 떠주세요.

**5단(겉면)~16단(안면)**

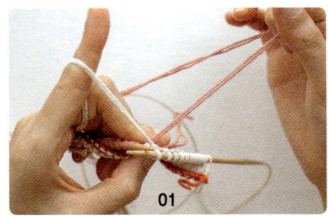
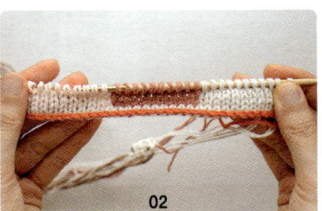

[**5단(겉면)**_ A 컬러로 겉뜨기 11코를 뜬 뒤, B 컬러로 A 컬러를 감싸듯 교차해 실을 바꿔주세요. B 컬러로 겉뜨기 10코를 뜬 뒤, C 컬러로 B 컬러를 감싸듯 교차해 실을 바꿔주세요. C 컬러로 겉뜨기 10코를 뜬 뒤, D 컬러로 C 컬러를 감싸듯 교차해 실을 바꿔주세요. D 컬러로 겉뜨기 10코를 뜬 뒤, E 컬러로 D 컬러를 감싸듯 교차해 실을 바꿔주세요. E 컬러로 바꿔 겉뜨기 11코를 떠주세요.

**6단(안면)**_ 4단과 동일하게 작업합니다.]

[~]을 5번 더 작업합니다. 16단이 되면 모든 색의 실을 돗바늘로 정리할 수 있을 만큼 남기고 자릅니다.

**17단(겉면)~30단(안면)**_ 3~16단과 동일한 방법으로 'D → E → A → B → C' 실로 세로 배색 뜨기를 합니다.

**31단(겉면)~44단(안면)**_ 3~16단과 동일한 방법으로 'B → C → D → E → A' 실로 세로 배색 뜨기를 합니다.

**45단(겉면)~46단(안면)**_ A 컬러로만 45단 모두 겉뜨기, 46단 모두 안뜨기 작업 후 실을 자른 뒤, 여분의 실 혹은 바늘에 52코를 모두 덜어둡니다.

## 03. 별도 사슬코 풀어내 코 줍기

별도의 실을 풀어낼 때는 편물의 안쪽을 바라보며 오른쪽에서부터 한 코씩 풀어 바늘에 끼웁니다. 미리 실을 다 풀어내어 한꺼번에 바늘에 꿰려고 하면 코가 풀릴 수 있으니 하나씩 차근차근 끼워주세요. 별도의 실을 풀어내며 바늘에 끼웠으면 메인 컬러 실 40cm 지점부터 3.5mm 대바늘을 이용하여 51코를 주워줍니다. 마지막 코는 뒤집어 실 꼬리를 걸쳐 한꺼번에 모아 뜹니다. 이렇게 코를 주운 단이 1단(겉면)입니다.

**2단(안면)~46단(안면)**_ 반대 편물의 2~46단과 동일하게 떠주되, 46단 이후 실을 자르지 않고 다 뜬 편물 또한 바늘에 그대로 둡니다.

## 04. 아이코드 엣징

앞, 뒷면 모두 46단까지 떴다면 이제 겉면을 바라본 채 코를 엎어가며 아이코드 엣징을 둘러주세요.
**47단(겉면)_** 먼저 감아 코를 이용해 2코를 만들어 준 뒤, 겉뜨기를 3코 뜹니다.
[다시 바늘 왼쪽으로 모든 코를 이동시키고 겉뜨기 2코를 떠주세요. 세 번째 코와 네 번째 코의 루프 뒤쪽으로 동시에 오른쪽 바늘을 넣어 한꺼번에 모아뜨기]] 합니다. [~]를 반대 편물의 덜어준 코를 포함하여 모든 코가 3코 남을 때까지 반복합니다.
돗바늘로 정리할 수 있을 만큼의 실을 남기고 자릅니다.
돗바늘로 코의 루프 모양을 만들어주며 아이코드의 양끝을 연결합니다. 편물 안쪽의 실을 정리하고, 필요하다면 파우치에 안감을 덧대 더욱 단단하게 모양을 잡아주세요.

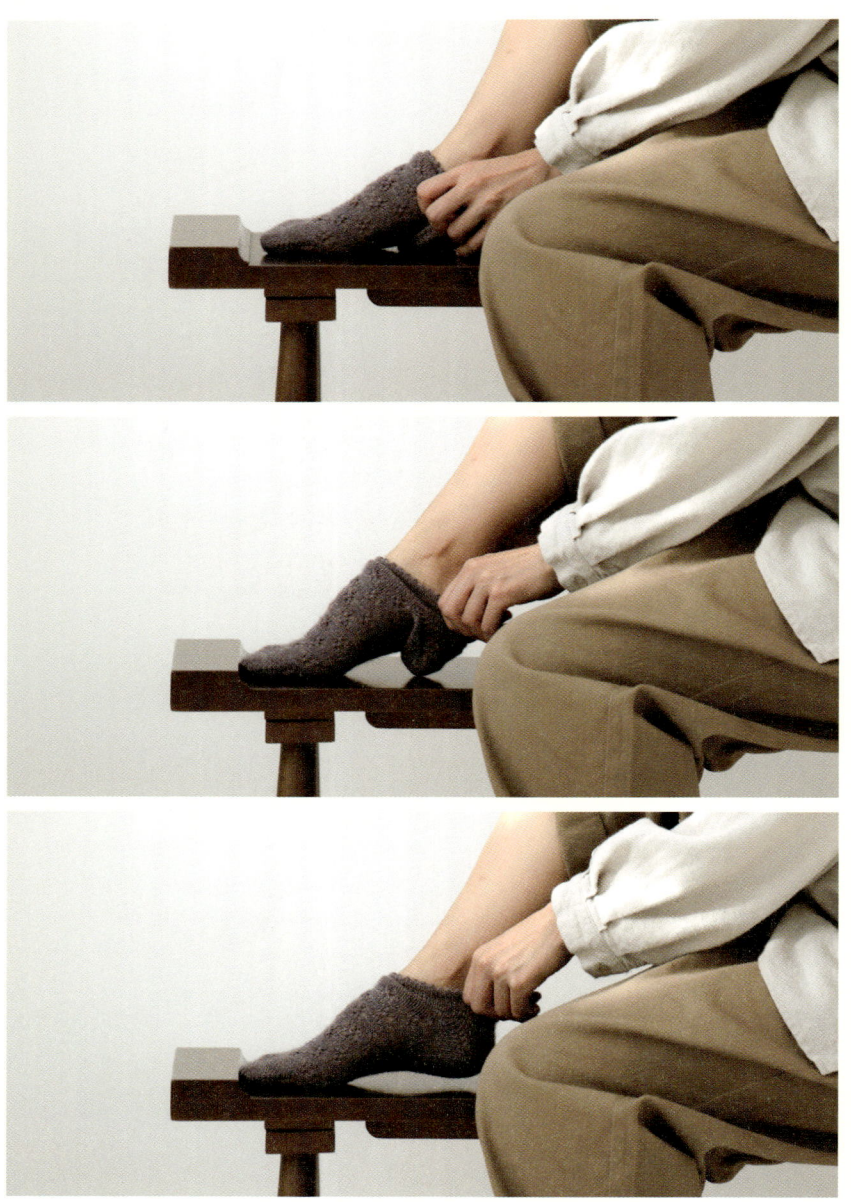

12

# TOE UP
# 아일렛 무늬 양말

사랑스러운 아일렛 무늬의 양말,
내 발에 꼭 맞게 떠서 신어보세요.

작품 난이도  ★★★☆☆

# How to Make

### 재료

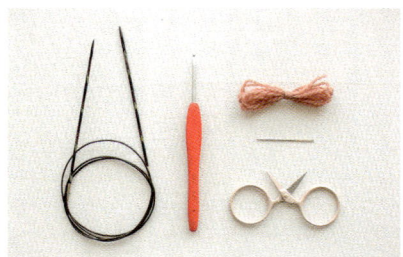

울(30g)

**바늘_** 줄바늘(Circular Needle) 2.5mm 80cm 이상, 모사용 코바늘 5/0호, 끝이 뾰족한 돗바늘

### 게이지
아일렛 한 무늬(8코 16단): 2.5×3.5cm
메리야스 무늬 10cm: 33코 43단

### 완성 크기
발길이 21cm, 폭(단면) 9.5cm (여성 발 사이즈 240mm 기준)

### 무게
30g(한 켤레)

### 필요한 뜨개 기법
사슬뜨기 / 별도 사슬로 만드는 기초 코 / 겉뜨기 / 안뜨기 / 걸러 뜨기 / 왼코 모아뜨기 / 오른코 모아뜨기 / 바늘 비우기 / 중심 3코 모아뜨기 / w&t(wrap&turn) / 코 엎기

### SLOWMELODII'S TIP

1. TOE-UP STYLE(토-업 스타일)로 발끝에서 발목으로 떠나가는 형태의 양말입니다. 양말의 구조도와 도안을 비교하며 떠보면 양말 뜨기에 대해 좀 더 쉽게 이해할 수 있습니다.
2. 줄바늘을 사용한 매직 루프 원통 뜨기 작업 시, 루프와 루프 사이의 코 사이가 너무 벌어지지 않도록 힘 조절에 유의해주세요.

# TOE UP 아일렛 무늬 양말

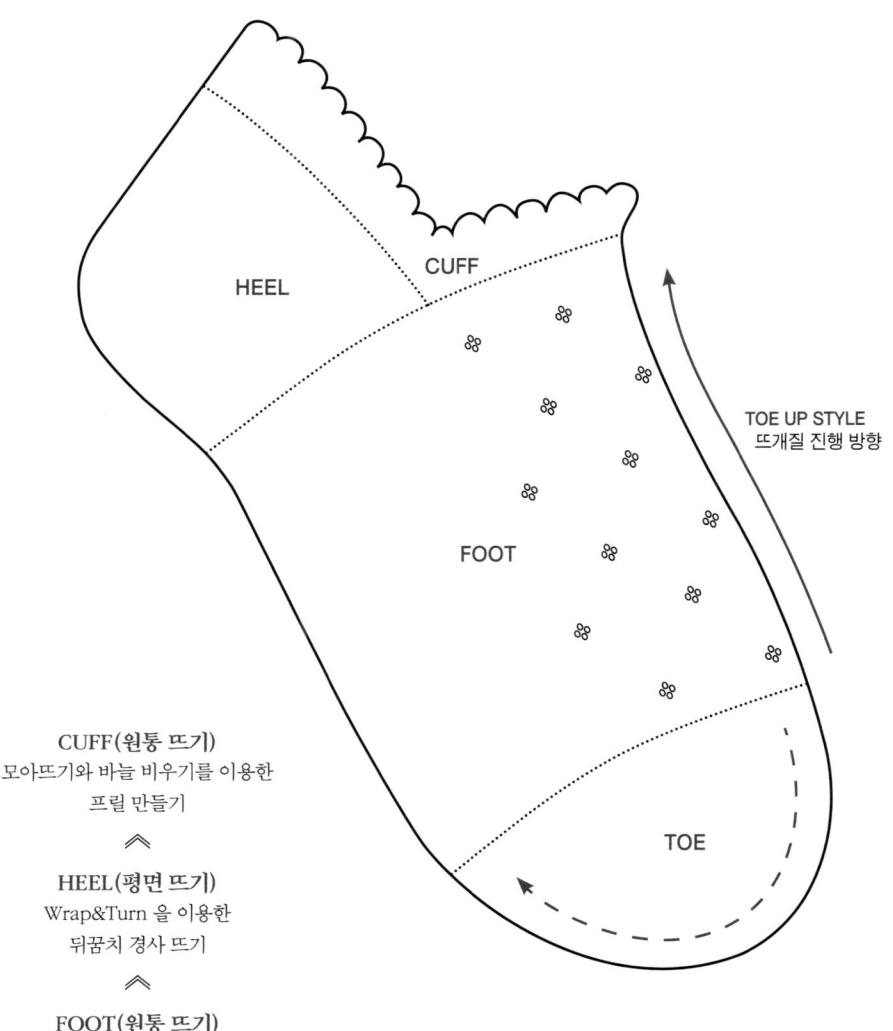

**TOE UP STYLE**
뜨개질 진행 방향

**CUFF(원통 뜨기)**
모아뜨기와 바늘 비우기를 이용한
프릴 만들기

⋀

**HEEL(평면 뜨기)**
Wrap&Turn 을 이용한
뒤꿈치 경사 뜨기

⋀

**FOOT(원통 뜨기)**
모아뜨기와 바늘 비우기를 이용한
아일렛 무늬 뜨기

⋀

**TOE(원통 뜨기)**
코바늘로 별실을 이용해 코 잡기,
Wrap&Turn을 이용한 경사 뜨기

## TOE / HEEL

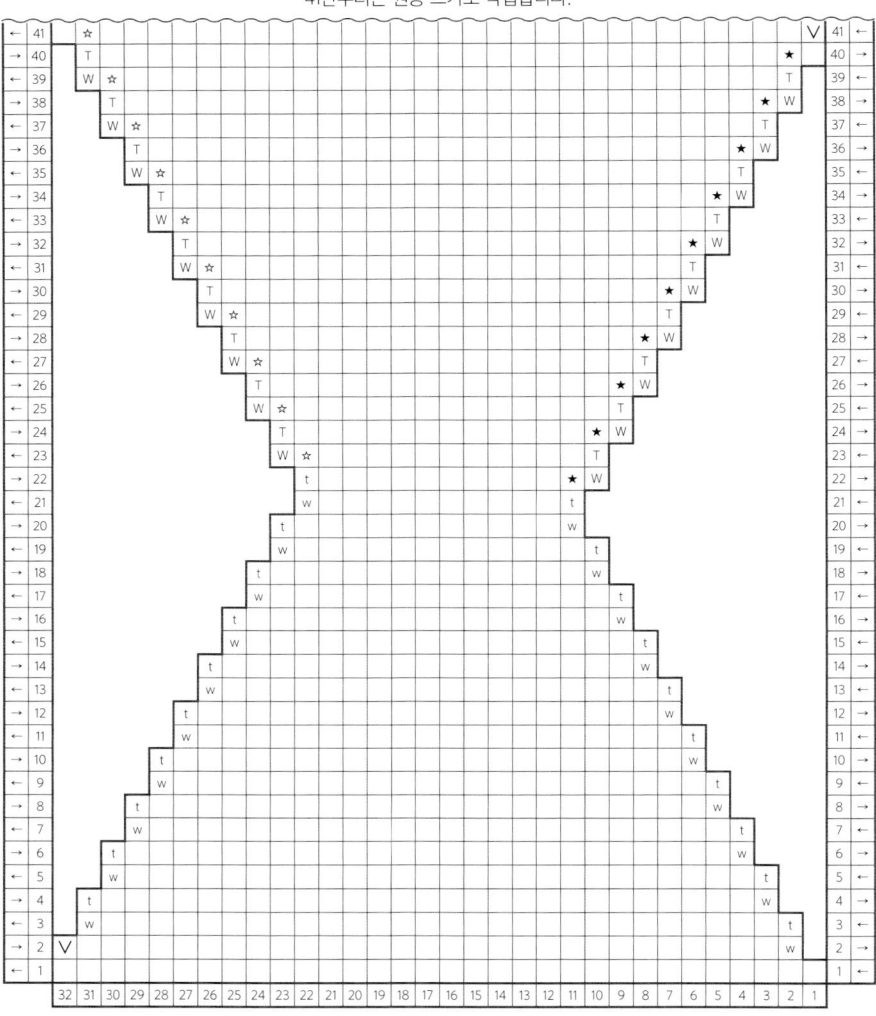

|  | 겉면에서 겉뜨기, 안면에서 안뜨기 | | V | 편물을 뜨지 않고 모양 그대로 옮기기 |

| t | → 왼쪽 바늘의 첫 번째 코에 실이 감긴 상태로 편물을 반대로 돌린다. |
| w | ← 실을 반대 위치로 보내고 왼쪽 바늘의 가장 첫 코를 오른쪽 바늘에 옮긴 뒤 실을 다시 원래 위치로 보내고 코도 왼쪽 바늘로 옮긴다. |
| T | → 왼쪽 바늘의 첫 번째 코에 실이 한 번 더 감긴 상태로 편물을 반대로 돌린다. |
| W | ← wrap이 되어 있는 코에 한 번 더 wrap한다. 코를 감은 실이 두 가닥이 된다. |
| ★ | 편물 안쪽을 바라보고 wrap한 코의 감긴 실을 바깥에서 끌어올려 왼쪽 바늘에 걸어준 뒤, 기존의 코와 함께 모아 안뜨기 한다. |
| ☆ | 편물 겉쪽을 바라보고 wrap한 코의 감긴 실 아래에서부터 들어가 기존 코와 함께 모아뜨기 한다. |

## FOOT

★ 도안의 ½만 표기되어 있습니다. 남은 32코(발바닥)는 메리야스 뜨기 합니다.

뒤꿈치가 시작되기 직전까지 원하는 길이만큼 작업합니다. 샘플은 무늬를 3번 반 반복하여 총 58단까지 작업했습니다.

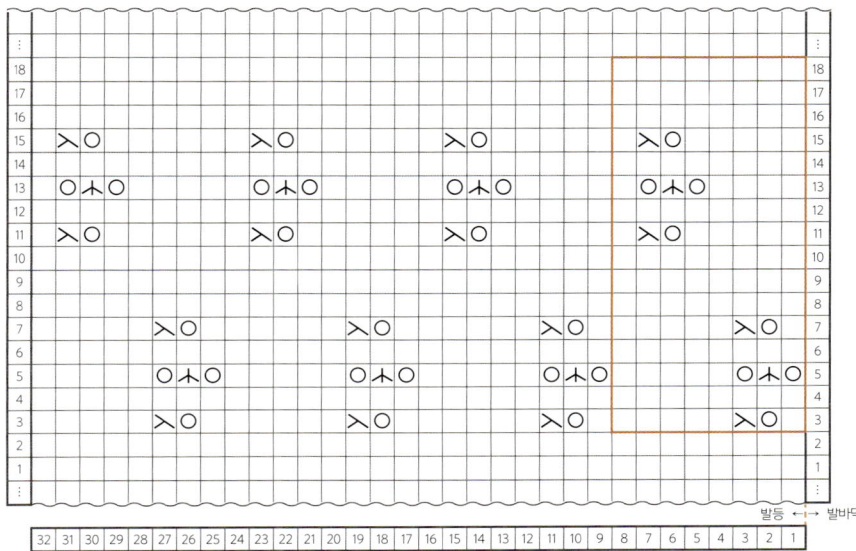

|   | 겉면에서 겉뜨기, 안면에서 안뜨기 |
|---|---|
| O | 겉면에서 안뜨기, 안면에서 겉뜨기 |
| ⋋ | 오른코 모아뜨기(첫 번째 코를 겉뜨기 하듯이 뜨지 않고 넘기고 두 번째 코를 겉뜨기 한 뒤, 넘긴 코를 덮어씌우기) |
| ⊥ | 중심 3코 모아뜨기(두 개의 코를 겉뜨기 하듯이 뜨지 않고 넘기고 세 번째 코를 겉뜨기 한 뒤, 넘긴 2코를 덮어씌우기) |

## CUFF

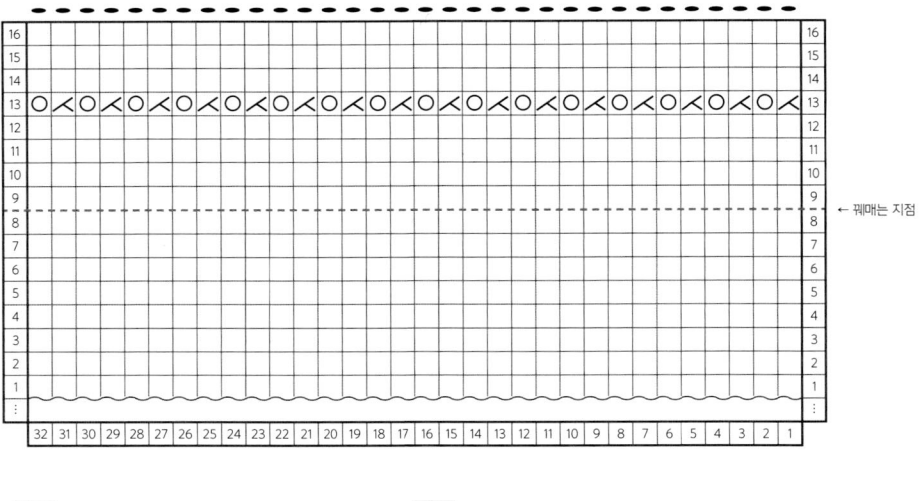

★ 도안의 ½만 표기되어 있습니다. 남은 32코(발바닥)도 동일하게 뜹니다.

- ☐ 겉면에서 겉뜨기, 안면에서 안뜨기
- ⬬ 엎어 코 마무리
- ◯ 바늘 비우기(실을 앞으로 넘긴다.)
- ⋋ 왼코 모아뜨기(두 개의 코를 동시에 겉뜨기)

## 별도 사슬로 만드는 기초코

1. 사슬코 만드는 방향 →

2. 코 줍는 방향(겉면) ←
3. 코 풀어내는 방향(안면)

SLOWMELODII

# 느린멜로디의
# 서술형 가이드

## 01. TOE (평면 뜨기 - wrap&turn 기법으로 입체감 있는 발끝을 만듭니다.)

**1단(겉면)_** 여분의 실과 모사용 코바늘 5/0호를 이용해 사슬코를 32코 만듭니다. 2.5mm 바늘과 양말 실을 이용해 마지막 코의 사슬산부터 역순으로 코를 줍습니다. 이렇게 코를 만든 단이 1단입니다.

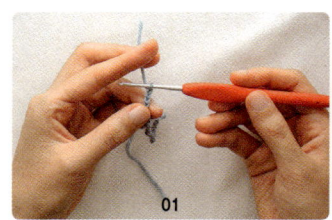

편물을 돌려 첫 번째 코를 걸러 뜨기 합니다(코의 루프 모양 그대로 옮깁니다).
안뜨기를 30코 뜨고 바로 다음 코를 w&t합니다. 편물을 돌려 겉뜨기를 29코 뜨고 바로 다음 코를 w&t합니다.

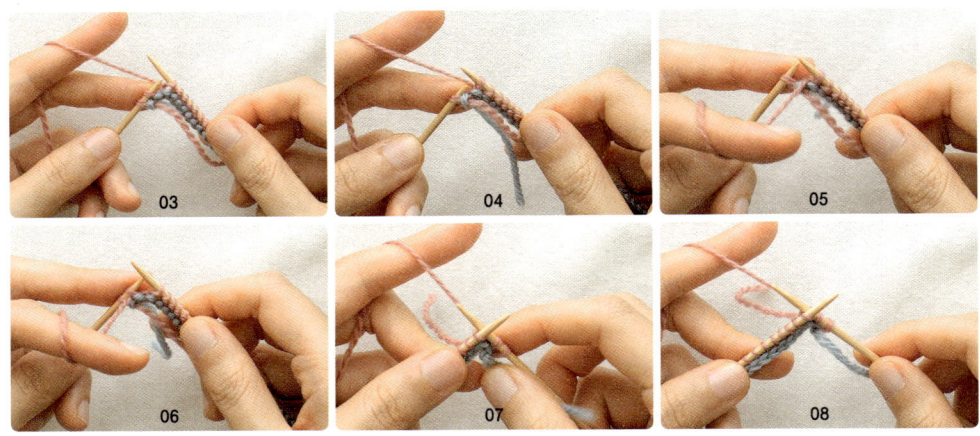

[편물을 돌려 전 단의 w&t의 직전 코가 나올 때까지 안뜨기를 하고 그 직전 코에 w&t합니다.
편물을 돌려 전 단의 w&t의 직전 코가 나올 때까지 겉뜨기를 하고 그 직전 코에 w&t합니다.]

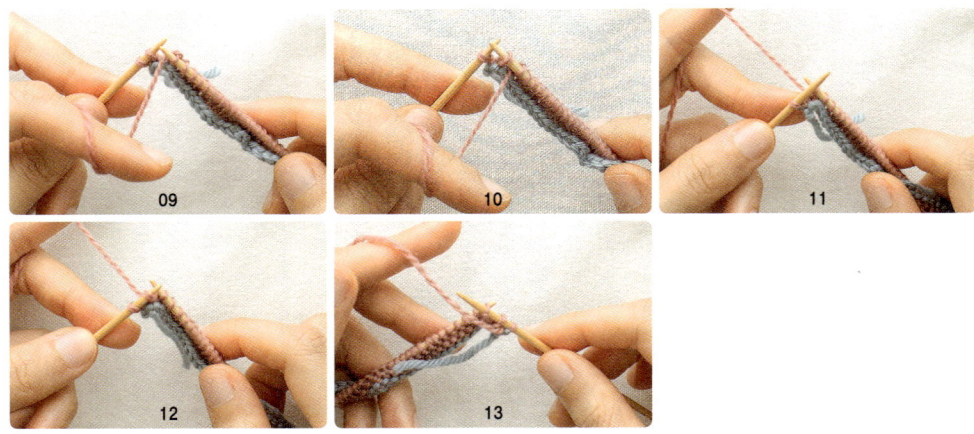

[~]를 8번 더 반복합니다.

편물을 돌려 가장 가까운 w&t이 나올 때까지 안뜨기를 하고 wrap된 코를 정리합니다. 그리고 그다음 코에 다시 w&t합니다. 이러면 방금 w&t한 코는 이중으로 wrap됩니다.

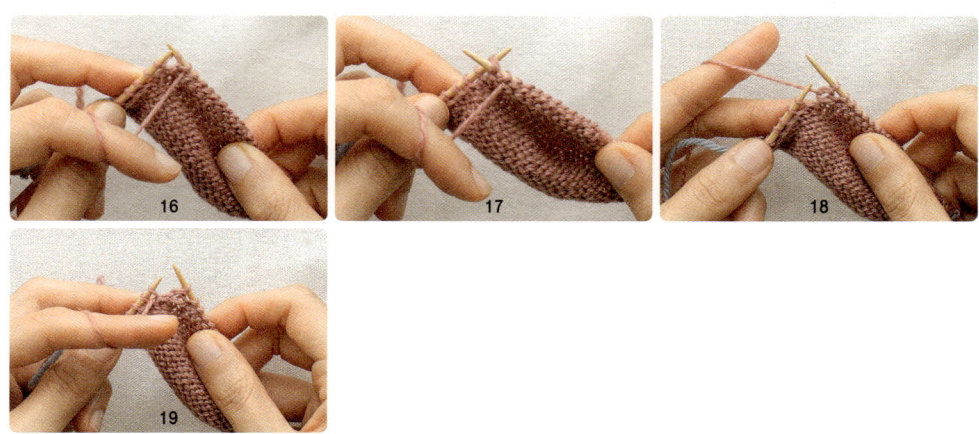

편물을 돌려 가장 가까운 w&t이 나올 때까지 겉뜨기를 하고 wrap된 코를 정리합니다. 그리고 그다음 코에 다시 w&t합니다. 이러면 방금 w&t 한 코는 이중으로 wrap됩니다.

[편물을 돌려 이중으로 wrap된 코가 나올 때까지 안뜨기를 하고 wrap된 코를 정리합니다. 그리고 그 다음 코에 다시 w&t합니다.

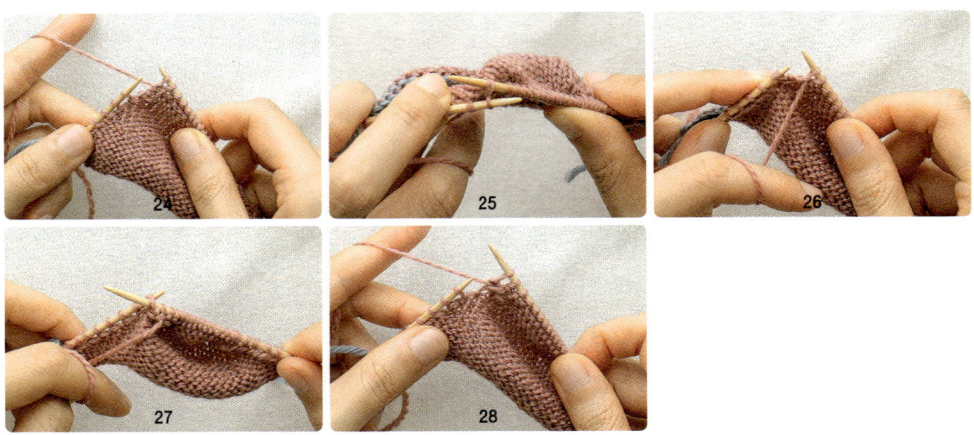

편물을 돌려 이중으로 wrap된 코가 나올 때까지 겉뜨기를 뜨고 wrap된 코를 정리합니다. 그리고 그 다음 코에 다시 w&t합니다.]

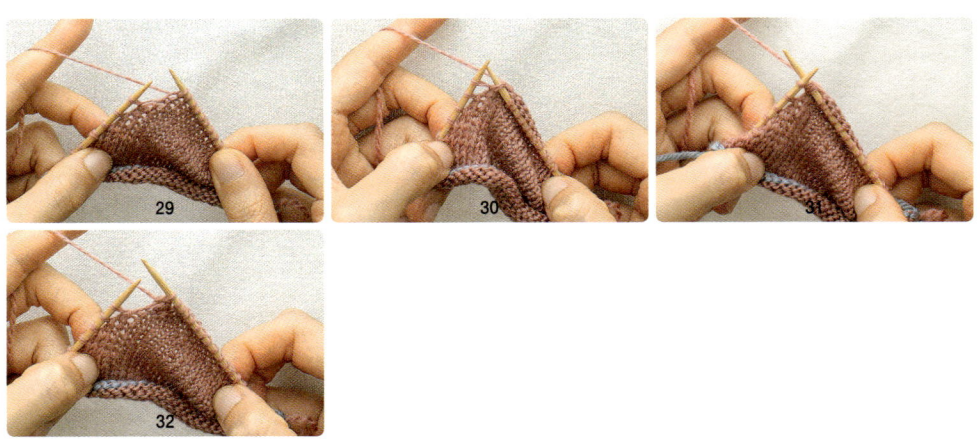

[~]를 7번 더 반복합니다.

편물을 돌려 이중으로 wrap된 코가 나올 때까지 안뜨기를 하고 wrap된 코를 정리합니다. 그리고 안뜨기 1코를 뜹니다.
편물을 돌려 첫 번째 코를 걸러 뜨기를 합니다(코의 루프 모양 그대로 옮깁니다). 그다음 이중으로 wrap된 코가 나올 때까지 겉뜨기를 하고 wrap된 코를 정리합니다. 그다음 코는 겉뜨기 합니다.

편물의 안쪽을 바라보며 코바늘로 만든 별실을 풀어내 줄바늘의 다른 쪽 바늘을 차례로 끼웁니다. 마지막 코를 끼울 땐 루프의 모양이 올바른지 확인해주세요. 32개의 코가 바늘에 모두 걸렸다면 실 꼬리가 있는 부분까지 반 단만 겉뜨기 합니다. 이때 마지막 코는 뒤집어 실 꼬리와 함께 모아뜨기 합니다. 여기까지 마쳐야 41단을 모두 뜬 것입니다.

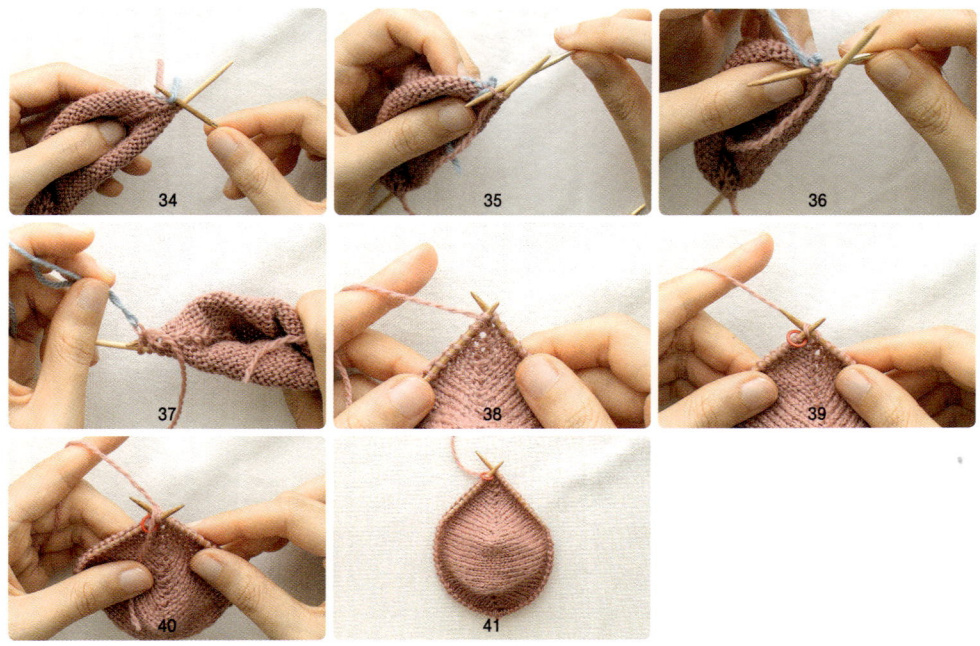

## 02. FOOT
(원통 뜨기 - 매직 루프 기법을 이용해 전체 코를 발등과 발바닥으로 나눠 코의 증감 없이 원하는 길이만큼 뜹니다.)

**1~2단_** 아일렛 무늬 뜨기에 들어가기 전 메리야스 뜨기 2단을 작업합니다. 겉면만 보고 뜨는 원통 뜨기이므로 모두 겉뜨기 합니다.
매직 루프 기법을 이용한 원통 뜨기 작업 시 두 번을 떠야 한 단이 된다는 걸 잊지 않도록 유의합니다.

**3~18단(모아뜨기와 바늘 비우기를 이용한 아일렛 무늬뜨기)_** 아일렛 무늬는 발등 부분에만 작업합니다.

**3단(발등)_** [겉뜨기 1코, 바늘 비우기 1코, 오른코 모아뜨기, 겉뜨기 5코]를 4번 반복합니다.
3단(발바닥)모두 겉뜨기 합니다.

**4단**_ 발등과 발바닥 모두 겉뜨기 합니다.
**5단(발등)**_ [바늘 비우기 1코, 중심 3코 모아뜨기, 바늘 비우기 1코, 겉뜨기 5코]를 4번 반복합니다.
**5단(발바닥)**_ 모두 겉뜨기 합니다.
**6단**_ 발등과 발바닥 모두 겉뜨기 합니다.
**7~8단**_ 3~4단과 동일하게 작업합니다.
**9~10단**_ 무늬 뜨기 없는 평단(메리야스 뜨기)을 뜹니다.
**11단(발등)**_ [겉뜨기 5코, 바늘 비우기 1코, 오른코 모아뜨기, 겉뜨기 1코]를 4번 반복합니다.
**11단(발바닥)**_ 모두 겉뜨기 합니다.
**12단**_ 발등과 발바닥 모두 겉뜨기 합니다.
**13단(발등)**_ [겉뜨기 4코, 바늘 비우기 1코, 중심 3코 모아뜨기, 바늘 비우기 1코, 겉뜨기 1코]를 4번 반복합니다.
**13단(발바닥)**_ 모두 겉뜨기 합니다.
**14단**_ 발등과 발바닥 모두 겉뜨기 합니다.
**15~16단**_ 11~12단과 똑같이 작업합니다.
**17~18단**_ 무늬 뜨기 없는 평단(메리야스 뜨기)을 뜹니다.

직접 신어보며 3단부터 18단까지의 아일렛 무늬를 원하는 길이만큼 반복해주세요. 뒤꿈치가 볼록해지는 지점 직전까지 작업합니다. 만약 패턴을 모두 완성하기에 짧거나 길다면 반 패턴(3~10단)을 기준으로 길이를 조절합니다.

## 03. HEEL (평면 뜨기 - wrap&turn 기법으로 TOE와 동일하게 작업합니다.)

**1단(발등)**_ FOOT 부분의 아일렛 무늬 뜨기가 끝난 뒤, 메리야스 뜨기로 반 단만 뜹니다. 이후 뒤꿈치가 완성될 때까지 발등 부분은 바늘에 잠시 쉬어둡니다.
**1단(발바닥)**_ 모두 겉뜨기 한 뒤 평면 뜨기로 작업하기 위해 편물을 뒤집어주세요.

**2~41단(안면~겉면)**_ HEEL 부분의 기호도와 TOE 부분의 서술형 가이드를 참고하며 뒤꿈치를 만듭니다.
41단(겉면, 발바닥)까지 모두 뜬 뒤 쉬고 있던 발등 부분 코와 합쳐 다시 원통 뜨기로 작업합니다.

04. CUFF (원통 뜨기 - 모아뜨기를 이용해 깜찍한 엣징을 만듭니다.)

**1단_** 느슨해지고 벌어져 있던 발등과 발바닥 사이의 편물을 촘촘히 뜨도록 신경 써주세요.
**2~8단_** 발목의 엣징에 들어가기 전의 메리야스 뜨기 평단입니다. 길이는 원하는 만큼 가감할 수 있습니다.
**9~12단_** 메리야스 뜨기 4단을 뜹니다.
**13단_** [원코 모아뜨기, 바늘 비우기]를 반복합니다.
**14~16단_** 메리야스 뜨기 3단을 뜬 뒤 코를 엎어 마무리합니다. 이때 너무 타이트하게 코를 엎지 않도록 유의합니다.

CUFF 둘레의 약 4배가량의 실을 남기고 자른 뒤, CUFF의 13단을 기준으로 편물을 안쪽으로 접어 코가 어긋나지 않도록 꿰맵니다. 이때에도 너무 당겨 꿰매지 않도록 유의합니다. 편한 착용감을 위해 직접 신어보며 꿰매는 것이 좋습니다.

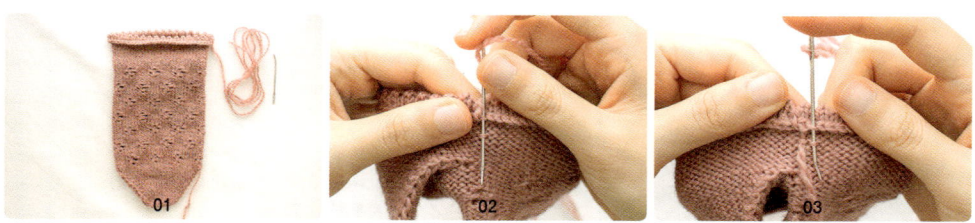

05. 마무리하기

여러 이음새의 실 꼬리 등을 편물 안쪽에 잘 감춥니다.
동일한 방법으로 남은 한쪽을 완성합니다.

 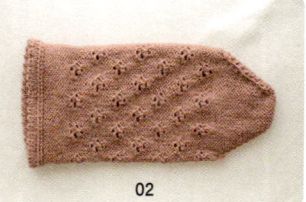 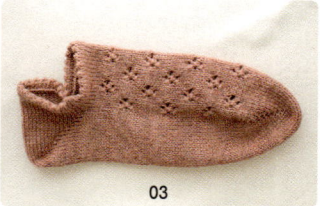

13

# TOE UP
## 아일렛 메리제인 덧신

언제나 사랑스러운 메리제인 덧신,
이젠 여름철 맨발이 부끄럽지 않아요.

작품 난이도 ★★★☆☆

# How to Make

### 재료

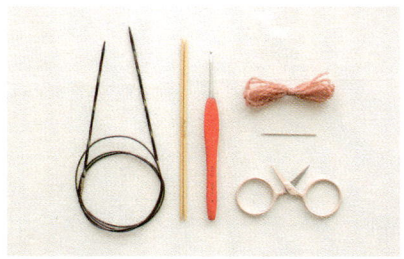

혼방사(30g)

**바늘_** 줄바늘(Circular Needle) 2.5mm 80cm 이상, 장갑바늘(Double Pointed Needles) 2.5mm 2자루, 모사용 코바늘 5/0호, 끝이 뾰족한 돗바늘

### 게이지
아일렛 한 무늬(8코 16단): 2.5×3.5cm
메리야스 무늬 10cm: 33코 43단

### 완성 크기
발길이 21cm, 폭(단면) 8.5cm(여성 발 사이즈 240mm) 기준

### 무게
25g(한 켤레)

### 필요한 뜨개 기법
사슬뜨기 / 별도 사슬로 만드는 기초 코 / 겉뜨기 / 안뜨기 / 걸러 뜨기 / 왼코 모아뜨기 / 오른코 모아뜨기 / 바늘 비우기 / 중심 3코 모아뜨기 / w&t(wrap&turn) / 아이코드 엣징

### SLOWMELODII'S TIP
1. TOE-UP STYLE의 발끝에서 발목으로 떠나가는 형태의 덧신입니다. 덧신의 구조도와 도안을 비교하며 떠보면 덧신 뜨기에 대해 좀 더 쉽게 이해할 수 있습니다.
2. 줄바늘을 사용한 매직 루프 원통 뜨기 작업 시, 루프와 루프 사이의 코 사이가 너무 벌어지지 않도록 힘 조절에 유의해주세요.

## TOE UP 아일렛 메리제인 덧신

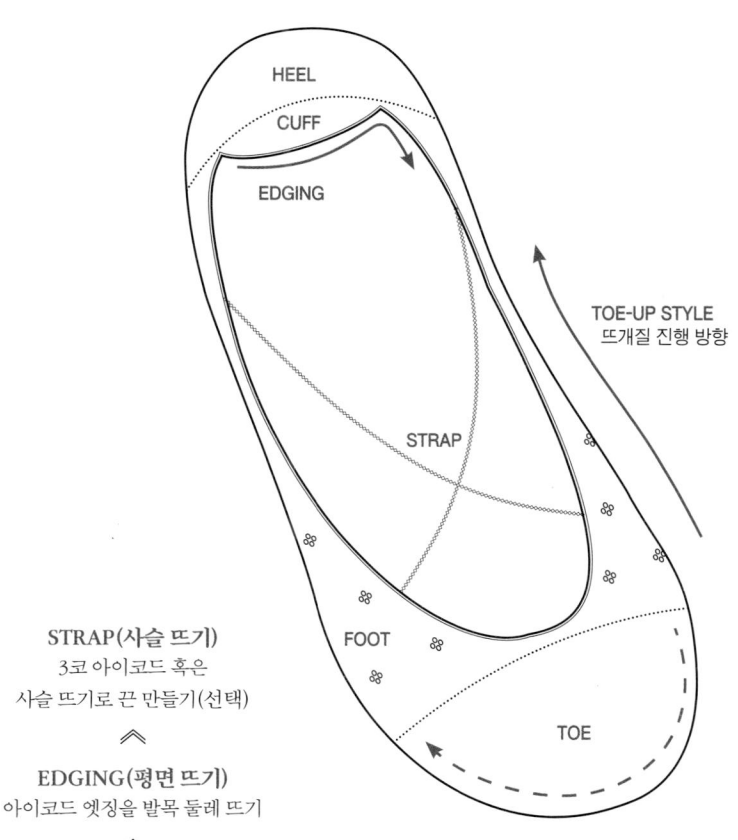

**STRAP(사슬 뜨기)**
3코 아이코드 혹은
사슬 뜨기로 끈 만들기(선택)

⩓

**EDGING(평면 뜨기)**
아이코드 엣징을 발목 둘레 뜨기

⩓

**CUFF(평면 뜨기)**
Wrap&Turn을 이용한
발목 경사 뜨기

⩓

**HEEL(평면 뜨기)**
Wrap&Turn을 이용한
뒤꿈치 경사 뜨기

⩓

**FOOT(원통/평면 뜨기)**
모아 뜨기와 바늘 비우기를 이용한
아일렛 무늬 뜨기

# TOE / HEEL

41단부터는 원통 뜨기로 작업합니다.

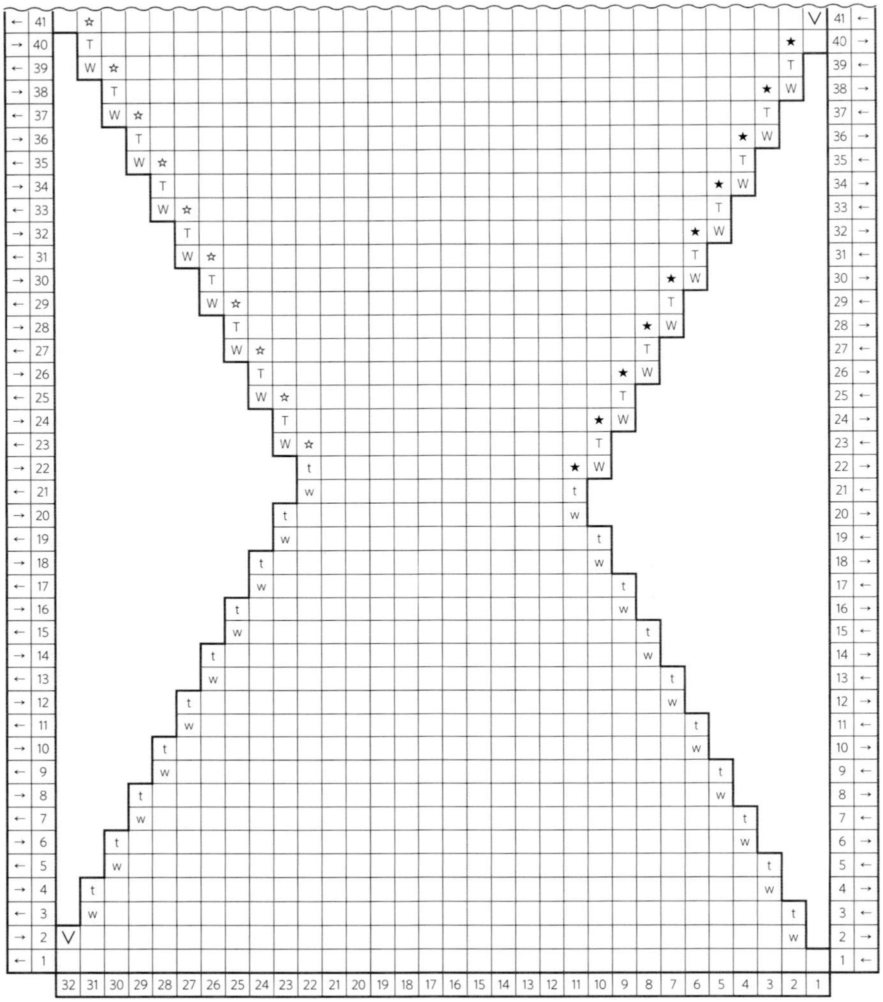

|  | 겉면에서 겉뜨기, 안면에서 안뜨기 | V | 편물을 뜨지 않고 모양 그대로 옮기기 |

| t | → 왼쪽 바늘의 첫 번째 코에 실이 감긴 상태로 편물을 반대로 돌린다. |
| w | ← 실을 반대 위치로 보내고 왼쪽 바늘의 가장 첫 코를 오른쪽 바늘에 옮긴 뒤 실을 다시 원래 위치로 보내고 코도 왼쪽 바늘로 옮긴다. |

| T | → 왼쪽 바늘의 첫 번째 코에 실이 한 번 더 감긴 상태로 편물을 반대로 돌린다. |
| W | ← wrap이 되어 있는 코에 한 번 더 wrap한다. 코를 감은 실이 두 가닥이 된다. |

| ★ | 편물 안쪽을 바라보고 wrap한 코의 감긴 실을 바깥에서 끌어올려 왼쪽 바늘에 걸어준 뒤, 기존의 코와 함께 모아 안뜨기 한다. |
| ☆ | 편물 겉쪽을 바라보고 wrap한 코의 감긴 실 아래에서부터 들어가 기존의 코와 함께 모아뜨기 한다. |

## FOOT

★ 도안의 ½만 표기되어 있습니다. 남은 32코(발바닥)는 메리야스 뜨기를 합니다.

뒤꿈치가 시작되기 직전까지 원하는 길이만큼 작업합니다. 샘플은 무늬를 3번 반 반복하여 총 100단까지 작업했습니다.

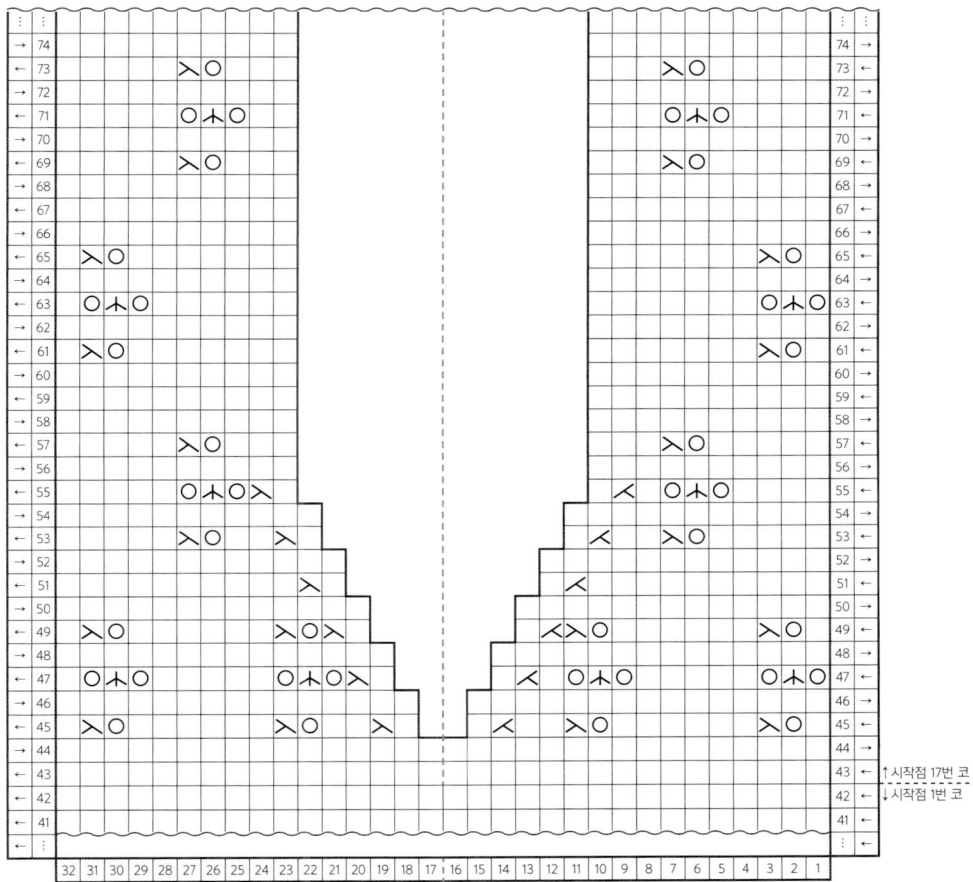

← 43단부터 중심점을 이동시켜 평면 뜨기(왕복 뜨기)로 작업합니다.

| | 겉면에서 겉뜨기, 안면에서 안뜨기 |
|---|---|
| O | 겉면에서 안뜨기, 안면에서 겉뜨기 |
| ㅅ | 왼코 모아뜨기(두 개의 코를 동시에 겉뜨기) |
| ㅅ | 오른코 모아뜨기(첫 번째 코를 겉뜨기 하듯이 뜨지 않고 넘기고 두 번째 코를 겉뜨기 한 뒤, 넘긴 코를 덮어씌우기) |
| ✈ | 중심 3코 모아뜨기(두 개의 코를 겉뜨기 하듯이 뜨지 않고 넘기고 세 번째 코를 겉뜨기 한 뒤, 넘긴 2코를 덮어씌우기) |

## CUFF

아이코드 엣징 두르기 ←ⓦ ⓦ

| | 52 | | | | | | | | | | | 5코 | | | | 5코 | | | | 5코 | | | | | | | | | | | | | | 5코 | | | | 5코 | | | | 5코 | | | | 52 | → |
|---|---|---|---|---|---|---|---|---|---|---|---|---|---|---|---|---|---|---|---|---|---|---|---|---|---|---|---|---|---|---|---|---|---|---|---|---|---|---|---|---|---|---|---|---|---|---|---|
| ← | 51 | | | ☆ | | 5코 | | ☆ | | 5코 | | | ☆ | | 5코 | | ☆ | | | | | | | | | | | | | | | | | | 5코 | | | | 5코 | | | | | | | 51 | |
| → | 50 | | | | | 5코 | | | | 5코 | | | | | 5코 | | | t | | | | | | | ★ | | 5코 | | ★ | | 5코 | | ★ | | 5코 | | ★ | | | | | | | | 50 | |
| ← | 49 | | | | | | | | | | | | | | | | | w | | | | | | | t | | | | | | | | | | | | | | | | | | | | | 49 | → |
| → | 48 | | | | | | | | | t | | 5코 | | | | | | | | | | | | | | w | | | | | | | | | | | | | | | | | | | | 48 | ← |
| ← | 47 | | | | | | | | | w | | 5코 | | | | 5코 | | | | | | | | | | | | | | | | | | | 5코 | | t | | | | | | | | | 47 | → |
| → | 46 | | | | | | | | t | | 5코 | | | | 5코 | | | | | | | | | | | | | | | | | 5코 | | | | w | | | | | | | | | 46 | ← |
| ← | 45 | | | | | | | | w | | 5코 | | | | 5코 | | | | | | | | | | | | | | | | | 5코 | | | | 5코 | | t | | | | | | | 45 | → |
| → | 44 | | | t | | 5코 | | | | 5코 | | | | 5코 | | | | | | | | | | | | | | | | | 5코 | | | | 5코 | | | | w | | | | | | 44 | ← |
| ← | 43 | | | w | | 5코 | | | | 5코 | | | | 5코 | | | | | | | | | | | | | | | | | 5코 | | | | 5코 | | | | 5코 | | t | | | | 43 | → |
| → | 42 | | | | | 5코 | | | | 5코 | | | | 5코 | | | | | | | | | | | | | | | | | 5코 | | | | 5코 | | | | 5코 | | w | | | | 42 | |
| | ... | 52 | 51 | 50 | 49 | ... | | 43 | | ... | | 37 | | ... | | 31 | 30 | 29 | 28 | 27 | 26 | 25 | 24 | 23 | 22 | 21 | ... | | 16 | | ... | | 10 | | ... | | 4 | 3 | 2 | 1 | | | | ... | |

□ 겉면에서 겉뜨기, 안면에서 안뜨기   ⓦ 감아 코 만들기

| t | → 왼쪽 바늘의 첫 번째 코에 실이 감긴 상태로 편물을 반대로 돌린다. |
| w | ← 실을 반대 위치로 보내고 왼쪽 바늘의 가장 첫 코를 오른쪽 바늘에 옮긴 뒤 실을 다시 원래 위치로 보내고 코도 왼쪽 바늘로 옮긴다. |
| ★ | 편물 안쪽을 바라보고 wrap한 코의 감긴 실을 바깥에서 끌어올려 왼쪽 바늘에 걸어준 뒤, 기존의 코와 함께 모아 안뜨기 한다. |
| ☆ | 편물 겉쪽을 바라보고 wrap한 코의 감긴 실의 아래에서부터 들어가 기존의 코와 함께 모아뜨기 한다. |

## 사슬코로 별실 잡기

1. 사슬코 만드는 방향
 →

← 
2. 코 줍는 방향(겉면)
3. 코 풀어내는 방향(안면)

## SLOWMELODII

# 느린멜로디의
# 서술형 가이드

## TOE (평면 뜨기 - wrap&turn 기법으로 입체감 있는 발끝을 만듭니다.)

**1단(겉면)_** 여분의 실과 모사용 코바늘 5/0호를 이용해 사슬코를 32코 만듭니다. 2.5mm 대바늘과 덧신 실을 이용해 마지막 코의 사슬산부터 역순으로 코를 줍습니다. 이렇게 코를 만든 단이 1단입니다. 편물을 돌려 첫 번째 코를 걸러 뜨기를 합니다(코의 루프 모양 그대로 옮깁니다).

안뜨기를 30코 뜨고 바로 다음 코를 w&t합니다. 편물을 돌려 겉뜨기를 29코 뜨고 바로 다음 코를 w&t합니다.

[편물을 돌려 전 단의 w&t의 직전 코가 나올 때까지 안뜨기를 하고 그 직전 코에 w&t합니다.
편물을 돌려 전 단의 w&t의 직전 코가 나올 때까지 겉뜨기를 하고 그 직전 코에 w&t합니다.]
[~]를 8번 더 반복합니다.

편물을 돌려 가장 가까운 w&t이 나올 때까지 안뜨기를 하고 wrap된 코를 정리합니다. 그리고 그다음 코에 다시 w&t합니다. 이러면 방금 w&t한 코는 이중으로 wrap됩니다.
편물을 돌려 가장 가까운 w&t이 나올 때까지 겉뜨기를 하고 wrap된 코를 정리합니다. 그리고 그다음 코에 다시 w&t합니다. 이러면 방금 w&t한 코는 이중으로 wrap됩니다.
[편물을 돌려 이중으로 wrap된 코가 나올 때까지 안뜨기를 하고 wrap된 코를 정리합니다. 그리고 그 다음 코에 다시 w&t합니다.
편물을 돌려 이중으로 wrap된 코가 나올 때까지 겉뜨기를 하고 wrap된 코를 정리합니다. 그리고 그 다음 코에 다시 w&t합니다.]

[~]를 7번 더 반복합니다.

편물을 돌려 이중으로 wrap된 코가 나올 때까지 안뜨기를 하고 wrap된 코를 정리합니다. 그리고 안뜨기 1코를 뜹니다.

편물을 돌려 첫 번째 코를 걸러 뜨기를 합니다(코의 루프 모양 그대로 옮깁니다). 그다음 이중으로 wrap된 코가 나올 때까지 겉뜨기를 하고 wrap된 코를 정리합니다. 그다음 코는 겉뜨기 합니다.

편물의 안쪽을 바라보며 코바늘로 만든 별실을 풀어내 줄바늘의 다른쪽 바늘을 차례로 끼웁니다. 마지막 코를 끼울 땐 루프의 모양이 올바른지 확인해주세요. 32개의 코가 바늘에 모두 걸렸다면 실 꼬리가 있는 부분까지 반 단만 겉뜨기로 작업합니다. 이때 마지막 코는 뒤집어 실 꼬리와 함께 모아뜨기 합니다. 여기까지 마쳐야 41단을 모두 뜬 것입니다.

## 02. FOOT(평면 뜨기 - 시작점을 바꿔 발등을 터주며 원하는 길이만큼 뜹니다. 가로 길이가 어느 정도 나오면 장갑바늘로 바꿔 뜨면 더 편리합니다.)

**42단_** 원통 뜨기로 모두 겉뜨기를 하며 한 단을 뜨고 실을 자릅니다.
매직 루프 기법을 이용한 원통 뜨기 작업 시 두 번을 떠야 한 단이 된다는 걸 잊지 않도록 유의합니다.

**43단(겉면)_** 43단부터는 평면 뜨기로 진행하며 시작점을 발등 17번째 코로 바꿉니다.

새로운 실을 연결하여 17번째 코부터 16번째 코까지 새로운 한 단으로 모두 겉뜨기 합니다.

**44단(안면)_** 모두 안뜨기 합니다.

**45~50단(모아뜨기와 바늘 비우기를 이용한 아일렛 무늬 뜨기)_** 아일렛 무늬는 발등 부분에만 작업합니다. 양 발등 사이에 발바닥 코 32코가 위치하므로 발등과 발바닥 사이에 마커를 걸어 헷갈리지 않도록 유의해주세요.

**45단(발등 왼쪽)_** 겉뜨기 1코, 오른코 모아뜨기, 겉뜨기 2코, 바늘 비우기 1코, 오른코 모아뜨기, 겉뜨기 6코, 바늘 비우기 1코, 오른코 모아뜨기, 겉뜨기 1코를 뜹니다.

**45단(발바닥)_** 모두 겉뜨기 합니다.

**45단(발등 오른쪽)_** 겉뜨기 1코, 바늘 비우기 1코, 오른코 모아뜨기, 겉뜨기 6코, 바늘 비우기 1코, 오른코 모아뜨기, 겉뜨기 2코, 왼코 모아뜨기, 겉뜨기 1코를 뜹니다.

**46단(안면)_** 모두 안뜨기 합니다.

**47단(발등 왼쪽)_** 겉뜨기 1코, 오른코 모아뜨기, 바늘 비우기 1코, 중심 세코 모아뜨기, 바늘 비우기 1코, 겉뜨기 5코, 바늘 비우기 1코, 중심 3코 모아뜨기, 바늘 비우기 1코, 겉뜨기 1코를 뜹니다.

**47단(발바닥)_** 모두 겉뜨기 합니다.

**47단(발등 오른쪽)_** 바늘 비우기 1코, 중심 3코 모아뜨기, 바늘 비우기 1코, 겉뜨기 5코, 바늘 비우기 1코, 중심 3코 모아뜨기, 바늘 비우기 1코, 겉뜨기 1코, 왼코 모아뜨기, 겉뜨기 1코를 뜹니다.

**48단_** 모두 안뜨기 합니다.

**49단(발등 왼쪽)_** 겉뜨기 1코, 오른코 모아뜨기, 바늘 비우기 1코, 오른코 모아뜨기, 겉뜨기 6코, 바늘 비우기 1코, 오른코 모아뜨기, 겉뜨기 1코를 뜹니다.

**49단(발바닥)_** 모두 겉뜨기 합니다.

**49단(발등 오른쪽)_** 겉뜨기 1코, 바늘 비우기 1코, 오른코 모아뜨기, 겉뜨기 6코, 바늘 비우기 1코, 오른코 모아뜨기, 왼코 모아뜨기, 겉뜨기 1코를 뜹니다.

**50단(안면)_** 모두 안뜨기 합니다.

**51단(발등 왼쪽)_** 겉뜨기 1코, 오른코 모아뜨기, 발바닥까지 모두 겉뜨기 합니다.

**51단(발바닥)_** 모두 겉뜨기 합니다.

**51단(발등 오른쪽)_** 3코 남을 때까지 모두 겉뜨기, 왼코 모아뜨기, 겉뜨기 1코를 뜹니다.

**52단(안면)_** 모두 안뜨기 합니다.

52단까지가 첫 번째 무늬와 발등 코줄임입니다. 발등 코줄임은 두 번째 무늬 중간(기호도에서 55단)까지 이어집니다.

기호도의 45~60단까지의 아일렛 무늬를 뒤꿈치가 볼록하게 나오는 부분 직전까지 반복합니다.
직접 신어보며 작업하면 더 수월합니다. 만약 패턴을 모두 완성하기에 짧거나 길다면 반 패턴(45~52단)만 추가로 작업합니다.

## 03. HEEL (평면 뜨기 - wrap&turn 기법으로 TOE와 동일하게 작업합니다.)

**1단(겉면)_** FOOT 부분의 아일렛 무늬 뜨기가 끝난 뒤, 첫 단은 모두 겉뜨기를 합니다. 총 52코입니다.

**2단~41단(안면~겉면)_** HEEL 부분의 기호도와 TOE 부분의 서술형 가이드를 참고하며 뒤꿈치를 만듭니다. 다만, 뒤꿈치 부분은 FOOT 기호도에서 생략되어 있는 발바닥에 해당되는 33~64코이고, 이 코들만 사용하여 뒤꿈치를 만듭니다.

이때 예외적으로 발등 부분의 남은 코를 연결해 같이 뜨는 단이 있는데, 안뜨기를 시작하는 2단, 마지막 w&t를 정리하는 40단과 41단입니다.

## 04. CUFF (평면 뜨기 - wrap&turn 기법으로 발목을 올려줘 안정감을 더해줍니다.)

HEEL에 이어 42~52단(안면~안면) 직전 HEEL 부분이 겉면에서 끝났으므로 CUFF는 첫 단이 안면으로 시작합니다. 5코 간격으로 w&t를 하며 발목 뒷부분에 경사를 만듭니다. 마지막 w&t 코 정리가 끝난 뒤, 아이코드 엣징을 위해 안뜨기를 한 단 더 뜹니다.

## 05. 아이코드 엣징 및 스트랩

발목 뒷부분의 경사 뜨기가 끝났다면 겉면을 바라본 채 코를 없애가며 아이코드 엣징을 둘러줍니다.

먼저 감아 코로 2코를 더 만든 뒤 겉뜨기 3코를 뜹니다.
[다시 왼쪽 바늘로 모든 코를 이동시키고 겉뜨기 2코를 뜹니다. 3, 4번째 코의 뒤쪽으로 동시에 바늘을 넣어 모아뜨기 합니다.]
[~]을 3코가 남을 때까지 반복합니다.

발목 뒷부분은 코를 없애가며 아이코드 엣징을 만들었다면, 발등 부분은 코를 주워가며 엣징을 둘러줍니다. 이때 2단에 1코씩 코를 줍는데 너무 바짝 당기지도 느슨하지도 않게 힘을 조절하여 줍는 것이 중요합니다.

코를 주워 매번 4코가 될 때마다 [~]를 반복합니다.

발등 코를 모두 주워 아이코드 엣징을 둘렀다면 메리야스 단 잇기를 이용해 엣징을 마무리하고 편의에 따라 3코 아이코드 또는 사슬뜨기로 발등에 메리제인 스타일의 스트랩을 달아주어도 좋습니다.

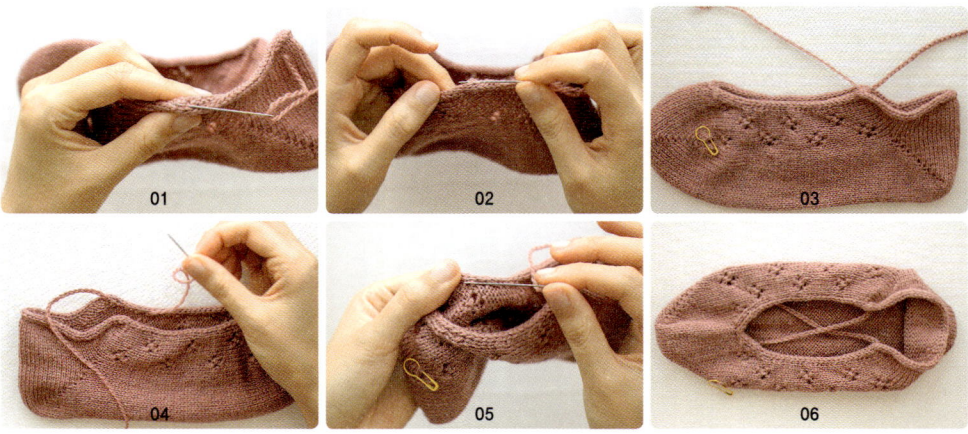

## 06. 마무리하기

여러 이음새의 실 꼬리 등을 편물 안쪽에 잘 감춥니다.
동일한 방법으로 남은 한쪽을 완성합니다.

## 14

# CUFF DOWN
## 메리야스 양말

이중 메리야스 구조로 되어
더욱 귀여운 발목 양말을 만들어볼까요?

작품 난이도 ★★★★☆

## How to Make

### 재료

울혼방사(35g) 2 컬러

**바늘_** 줄바늘(Circular Needle) 3.0mm, 줄바늘(Circular Needle) 3.5mm, 돗바늘

### 게이지
메리야스 한 무늬(1코 2단): 0.45×0.8cm

### 완성 크기
발길이 21cm, 폭(단면) 9cm, 이중 CUFF 길이 2cm(여성 발 사이즈 240mm 기준)

### 무게
41g(한 켤레)

### 필요한 뜨개 기법
손가락으로 만드는 기초 코 / 겉뜨기 / 안뜨기 / 원통 뜨기 / 걸러 뜨기 / 왼코 모아뜨기 / 오른코 모아뜨기 / w&t(Wrap&Turn) / 여러 코 한꺼번에 오므리기

### SLOWMELODII'S TIP

1. CUFF DOWN STYLE(커프 다운 스타일)의 발목에서부터 발끝으로 떠나가는 형태의 양말입니다. 양말의 구조도와 도안을 비교하여 보면 양말 뜨기에 대해 좀 더 쉽게 이해할 수 있습니다.
2. 줄바늘을 사용한 원통 뜨기 작업 시 매 단의 첫 코를 뜰 때 원통의 경계가 너무 벌어지거나 좁아지지 않도록 힘조절에 유의해주세요.
   - 길이를 조절할 수 있는 곳: 10~13단 사이(발목의 길이 조절) / 14~44단 사이(양말의 길이 조절)
   - 포인트 색으로 바꾸는 곳: 안쪽 CUFF / 13단 21번째 코~HEEL 전체 / 41단~끝

## CUFF DOWN 메리야스 무늬 양말

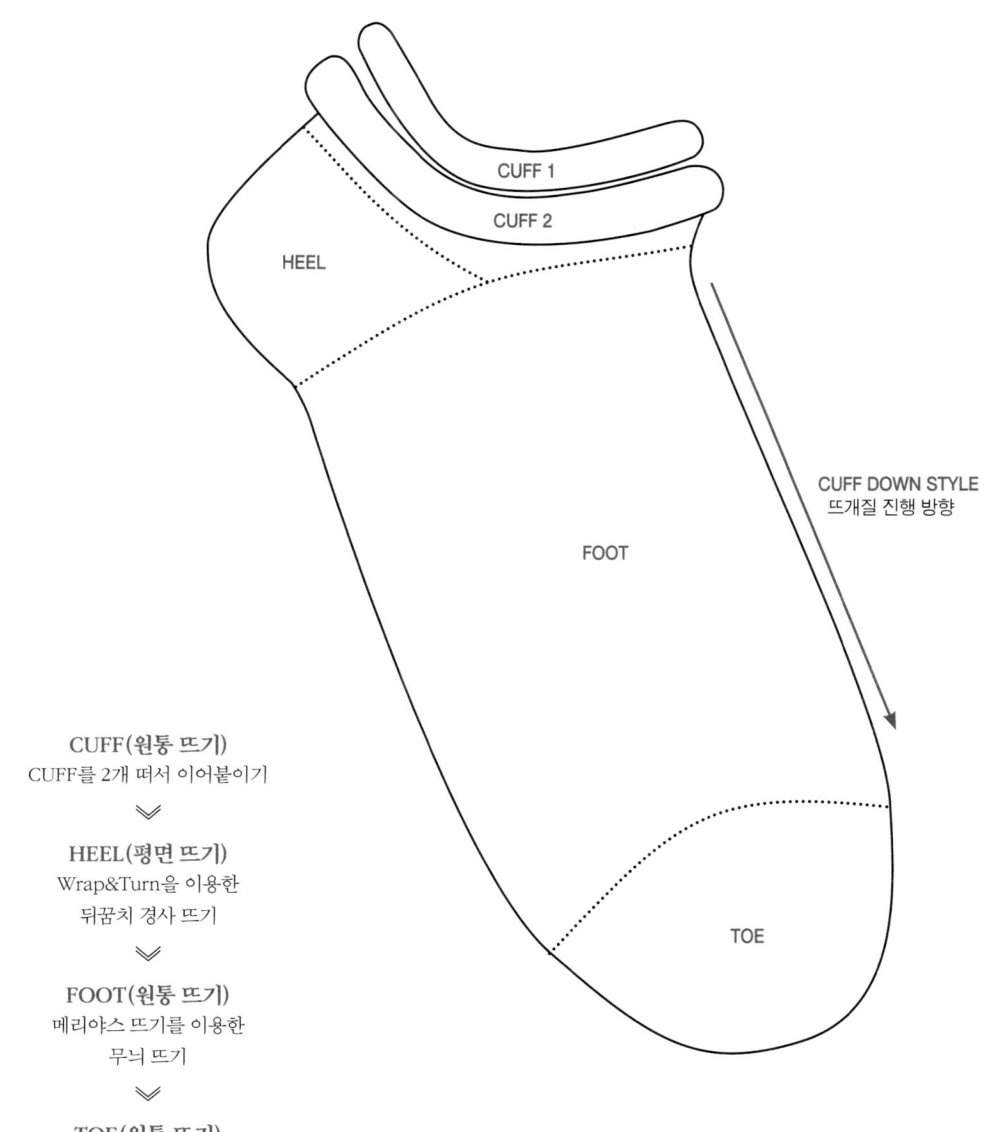

**CUFF DOWN STYLE**
뜨개질 진행 방향

**CUFF(원통 뜨기)**
CUFF를 2개 떠서 이어붙이기
≫
**HEEL(평면 뜨기)**
Wrap&Turn을 이용한
뒤꿈치 경사 뜨기
≫
**FOOT(원통 뜨기)**
메리야스 뜨기를 이용한
무늬 뜨기
≫
**TOE(원통 뜨기)**
메리야스 뜨기와 모아뜨기를 이용해
코 줄이며 마무리

## CUFF / HEEL / FOOT

**포인트 컬러 CUFF 1 : 3.0mm 대바늘 사용**

포인트 컬러 CUFF : 실을 자릅니다.

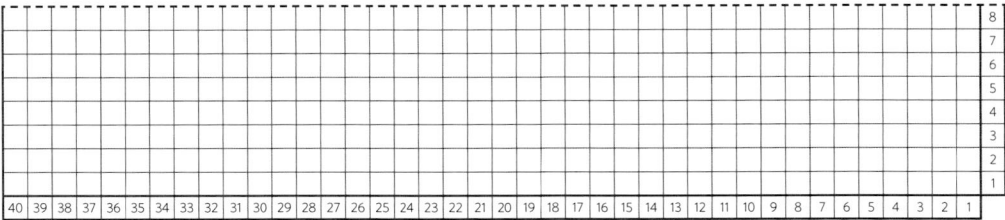

**포인트 컬러 CUFF 2 : 3.5mm 대바늘 사용**

바탕 컬러 CUFF : 실을 자르지 않습니다.

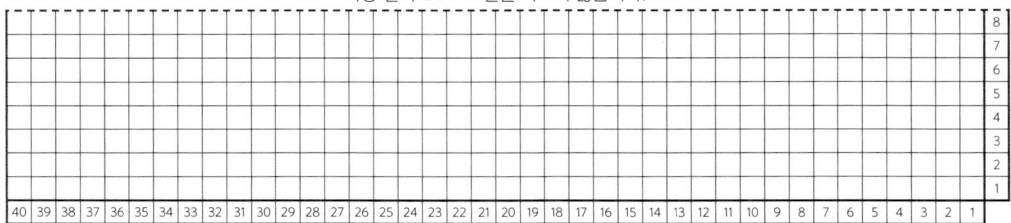

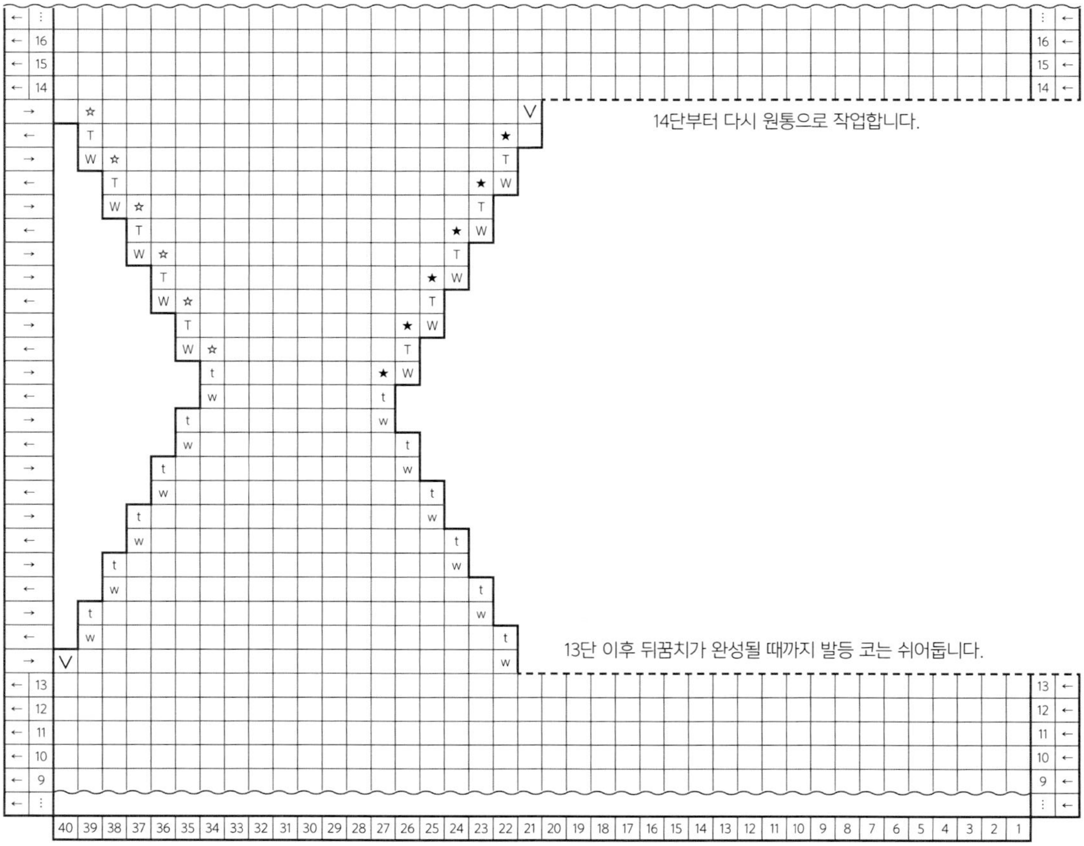

14단부터 다시 원통으로 작업합니다.

13단 이후 뒤꿈치가 완성될 때까지 발등 코는 쉬어둡니다.

## TOE

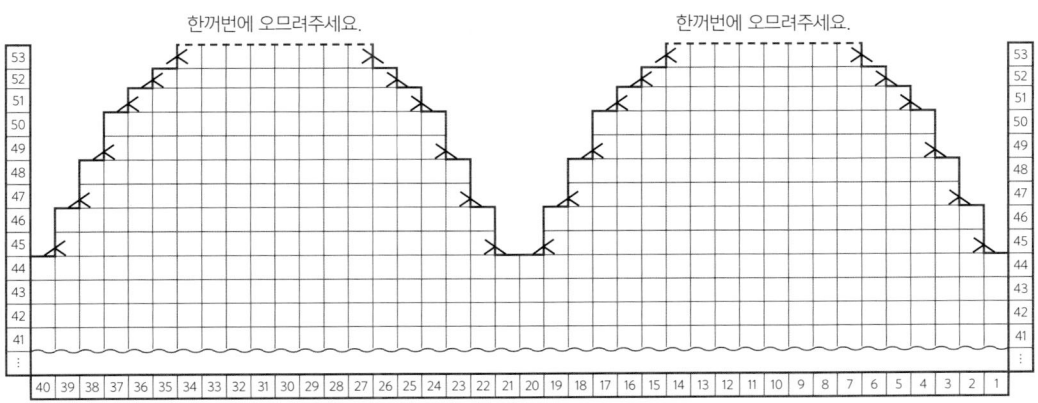

|  | 겉면에서 겉뜨기, 안면에서 안뜨기 |
| :---: | :--- |
| V | 편물을 뜨지 않고 모양 그대로 옮기기 |
| t | → 왼쪽 바늘의 첫 번째 코에 실이 감긴 상태로 편물을 반대로 돌린다. |
| w | ← 실을 반대 위치로 보내고 왼쪽 바늘의 가장 첫 코를 오른쪽 바늘에 옮긴 뒤 실을 다시 원래 위치로 보내고 코도 왼쪽 바늘로 옮긴다. |
| T | → 왼쪽 바늘의 첫 번째 코에 실이 한 번 더 감긴 상태로 편물을 반대로 돌린다. |
| W | ← wrap이 되어 있는 코에 한 번 더 wrap 한다. 코를 감은 실이 두 가닥이 된다. |
| ★ | 편물 안쪽을 바라보고 wrap한 코의 감긴 실을 바깥에서 끌어올려 왼쪽 바늘에 걸어준 뒤, 기존의 코와 함께 모아 안뜨기 한다. |
| ☆ | 편물 겉쪽을 바라보고 wrap한 코의 감긴 실의 아래에서부터 들어가 기존의 코와 함께 모아뜨기 한다. |
| ⋌ | 왼코 모아뜨기(두 개의 코를 동시에 겉뜨기) |
| ⋋ | 오른코 모아뜨기(첫 번째 코를 겉뜨기 하듯이 뜨지 않고 넘기고 두 번째 코를 겉뜨기 한 뒤, 넘긴 코를 덮어씌우기) |

## SLOWMELODII

# 느린멜로디의
# 서술형 가이드

## 01. 이중 메리야스 CUFF 만들기

### CUFF 1 (원통 뜨기 : 3.0mm 대바늘 사용)

**1단_** 3.0mm 대바늘을 사용하여 실 끝에서 약 60cm 되는 부분부터 느슨하게 40+1코를 만듭니다. 원통으로 합쳐 2단을 뜨기 전에 첫 코를 마지막 코 안으로 넣어준 뒤, 실 꼬리와 떠야 할 실을 적당히 잡아당겨 코 늘어짐이 없도록 해주세요.
즉 필요한 콧수+1코를 만들어 2단을 뜨기 직전 1코가 줄어들게 됩니다.
**2~8단_** 매직 루프 기법을 사용하여 원통형 메리야스 뜨기를 합니다.
이때 본체 양말색과 다른 실을 사용하면 포인트가 됩니다. 8단을 모두 뜨고 나면 정리할 수 있을 정도만 남기고 실을 자릅니다.

### CUFF 2 (원통 뜨기 : 3.5mm 대바늘 사용)

**1단_** 3.5mm 대바늘을 사용하여 실 끝에서 약 60cm 되는 부분부터 느슨하게 40+1코를 만듭니다. 원통으로 합쳐 2단을 뜨기 전에 첫 코를 마지막 코 안으로 넣어준 뒤, 실 꼬리와 떠야 할 실을 적당히 잡아당겨 코 늘어짐이 없도록 해주세요.
즉 필요한 콧수+1코를 만들어 2단을 뜨기 직전 1코가 줄어들게 됩니다.
**2~8단_** 매직 루프 기법을 사용하여 원통형 메리야스 뜨기를 합니다.
8단을 모두 뜨고 나면 정리할 수 있을 정도만 남기고 실을 자릅니다.

## CUFF 1, 2 합치기

**9단_** 바깥쪽에 CUFF 2를, 안쪽에 CUFF 1을 잘 자리 잡게 하여 오른쪽 바늘을 순서대로 바깥과 안쪽의 2코에 차례로 넣어 겉뜨기를 1단 뜹니다.

**10~13단_** 메리야스 4단을 뜨는데 마지막 13단의 20번째 코를 뜨기 직전 포인트 컬러를 걸어주어 고정되게 해주면 더 좋습니다.

21번째 코부터는 포인트 컬러의 실로 변경하여 40번째 코까지 쭉 뜹니다.

## 02. 양말 형태 잡기

**HEEL (평면 뜨기 - wrap&turn 기법으로 뒤꿈치에 굴곡을 만듭니다.)**

이제 뒤꿈치를 완성하기 위해 원통형이 아닌 평면형으로 작업합니다.

편물을 돌려 첫 번째 코를 걸러 뜨기를 합니다(코의 루프 모양 그대로 옮깁니다).
안뜨기를 17코 뜨고 바로 다음 코를 w&t합니다. 편물을 돌려 겉뜨기를 16코 뜨고 바로 다음 코를 w&t합니다.
[편물을 돌려 전 단의 w&t의 직전 코가 나올 때까지 안뜨기를 하고 그 직전 코에 w&t합니다.
편물을 돌려 전 단의 w&t의 직전 코가 나올 때까지 겉뜨기를 하고 그 직전 코에 w&t합니다.]
[~]를 4번 더 반복합니다.

편물을 돌려 가장 가까운 w&t이 나올 때까지 안뜨기를 하고 wrap된 코를 정리합니다. 그리고 그다음 코에 다시 w&t합니다. 이러면 방금 w&t한 코는 이중으로 wrap됩니다.

편물을 돌려 가장 가까운 w&t이 나올 때까지 겉뜨기를 하고 wrap된 코를 정리합니다. 그리고 그다음 코에 다시 w&t합니다. 이러면 방금 w&t한 코는 이중으로 wrap됩니다.

[편물을 돌려 이중으로 wrap된 코가 나올 때까지 안뜨기를 하고 wrap된 코를 정리합니다. 그리고 그다음 코에 다시 w&t합니다.

편물을 돌려 이중으로 wrap된 코가 나올 때까지 겉뜨기를 하고 wrap된 코를 정리합니다. 그리고 그다음 코에 다시 w&t합니다.]

[~]를 3번 더 반복합니다.

편물을 돌려 이중으로 wrap된 코가 나올 때까지 안뜨기를 하고 wrap된 코를 정리합니다. 그리고 안뜨기 1코를 뜹니다.

편물을 돌려 첫 번째 코를 걸러 뜨기 합니다(코의 루프 모양 그대로 옮깁니다). 그다음 이중으로 wrap된 코가 나올 때까지 겉뜨기를 하고 wrap된 코를 정리합니다. 그다음 코는 겉뜨기 합니다.

### FOOT (원통 뜨기 - 발등과 발바닥으로 나눠 코의 증감 없이 원하는 길이만큼 뜹니다.)

**14~43단_** 다시 원통으로 합쳐 메인 컬러로 메리야스 뜨기를 합니다.

→ 길이를 조절하고 싶다면 이때 더 뜨거나 덜 뜰 수 있습니다.

### TOE (원통 뜨기 - 줄임을 하며 발끝 부분을 완성합니다.)

→ 발끝 부분의 색을 달리하고 싶다면, 이 TOE 부분을 배색 실로 뜹니다.

**44단_** 모두 겉뜨기 합니다.

**45단_** [오른코 모아뜨기, 겉뜨기 16코, 왼코 모아뜨기]를 두 번 반복합니다.

**46단_** 모두 겉뜨기 합니다.

**47단_** [오른코 모아뜨기, 겉뜨기 14코, 왼코 모아뜨기]를 두 번 반복합니다.

**48단_** 모두 겉뜨기 합니다.

**49단_** [오른코 모아뜨기, 겉뜨기 12코, 왼코 모아뜨기]를 두 번 반복합니다.

**50단_** 모두 겉뜨기 합니다.

**51단_** [오른코 모아뜨기, 겉뜨기 10코, 왼코 모아뜨기]를 두 번 반복합니다.

**52단_** [오른코 모아뜨기, 겉뜨기 8코, 왼코 모아뜨기]를 두 번 반복합니다.

**53단_** [오른코 모아뜨기, 겉뜨기 6코, 왼코 모아뜨기]를 두 번 반복합니다.

## 03. 여러 코 한꺼번에 오므리기

실 끝을 20cm 정도 남겨 모든 코를 두 번 통과하여 오므립니다.

## 04. 마무리하기

다 오므린 실의 나머지는 오므린 가운데를 통해 양말의 안으로 넣어 정리합니다.
양말을 뒤집어 다른 남은 실도 꼼꼼히 정리합니다. HEEL의 경사 뜨기를 하느라 생긴 구멍 등이 있다면 이때 실을 정리할 때 코의 실을 갈라가며 꿰매어 구멍을 감춰도 좋습니다.
CUFF는 도르르 말리게 되는 게 포인트이므로 실 정리를 할 때는 말리게 만든 CUFF가 고정되도록 말리는 지점의 끝부분에 남는 실을 정리해주는 것도 방법입니다.

동일한 방법으로 반대쪽 양말도 작업합니다.

15

# CUFF DOWN
## 고무뜨기 양말

Simple is the best!
심플하지만 특별한 양말이에요.

작품 난이도 ★★★☆☆

*How to Make*

### 재료

울혼방사 35g

**바늘_** 줄바늘(Circular Needle) 3.0mm, 줄바늘(Circular Needle) 3.5mm, 돗바늘

### 게이지
메리야스 한 무늬(1코 2단): 0.45×0.8cm
고무뜨기 한 무늬(4코 2단): 2×0.8cm

### 완성 크기
발길이 21cm, 폭(단면) 8cm(여성 발 사이즈 240mm 기준)

### 무게
32g(한 켤레)

### 필요한 뜨개 기법
손가락으로 만드는 기초 코 / 겉뜨기 / 안뜨기 / 원통 뜨기 / 걸러 뜨기 / 왼코 모아뜨기 / 오른코 모아뜨기 / w&t(Wrap&Turn) / 여러 코 한꺼번에 오므리기

### SLOWMELODII'S TIP
1. CUFF DOWN STYLE의 발목에서부터 발끝으로 떠 나가는 형태의 양말입니다. 양말의 구조도와 도안을 비교하여 보면 양말 뜨기에 대해 좀 더 쉽게 이해할 수 있습니다.
2. 줄바늘을 사용한 원통 뜨기 작업 시 매단 첫 코를 뜰 때 원통의 경계가 너무 벌어지거나 좁아지지 않도록 힘 조절에 유의해주세요.
    • 길이를 조절할 수 있는 곳: 7~11단 사이(발목의 길이 조절) / 12~46단 사이(양말의 길이 조절)

## CUFF DOWN 고무뜨기 양말

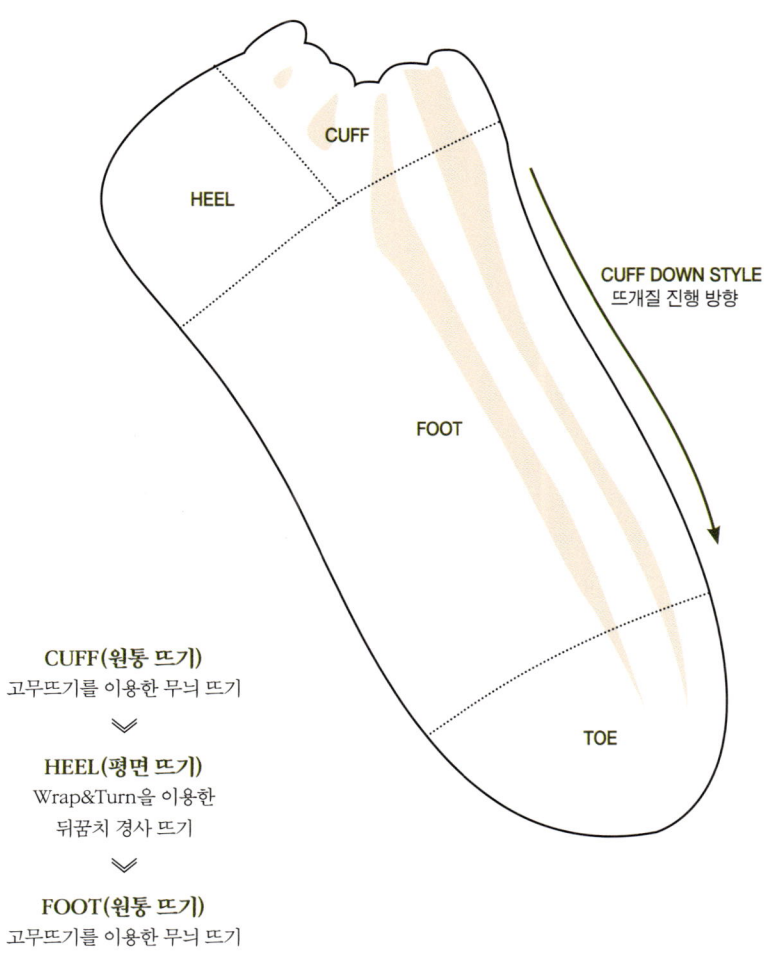

**CUFF(원통 뜨기)**
고무뜨기를 이용한 무늬 뜨기
⌄

**HEEL(평면 뜨기)**
Wrap&Turn을 이용한
뒤꿈치 경사 뜨기
⌄

**FOOT(원통 뜨기)**
고무뜨기를 이용한 무늬 뜨기
⌄

**TOE(원통 뜨기)**
고무뜨기와 모아뜨기를 이용해
코 줄이며 마무리

## CUFF / HEEL / FOOT

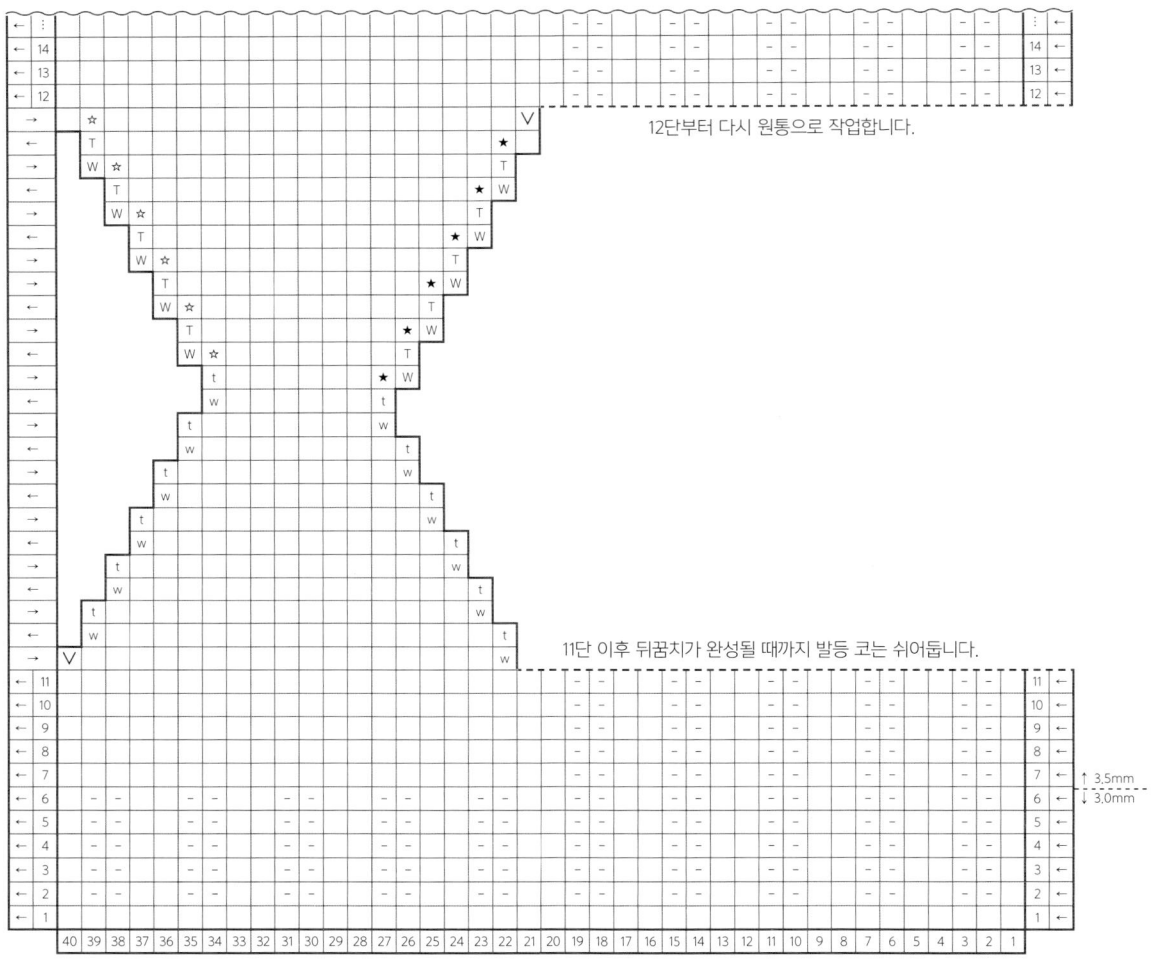

12단부터 다시 원통으로 작업합니다.

11단 이후 뒤꿈치가 완성될 때까지 발등 코는 쉬어둡니다.

# TOE

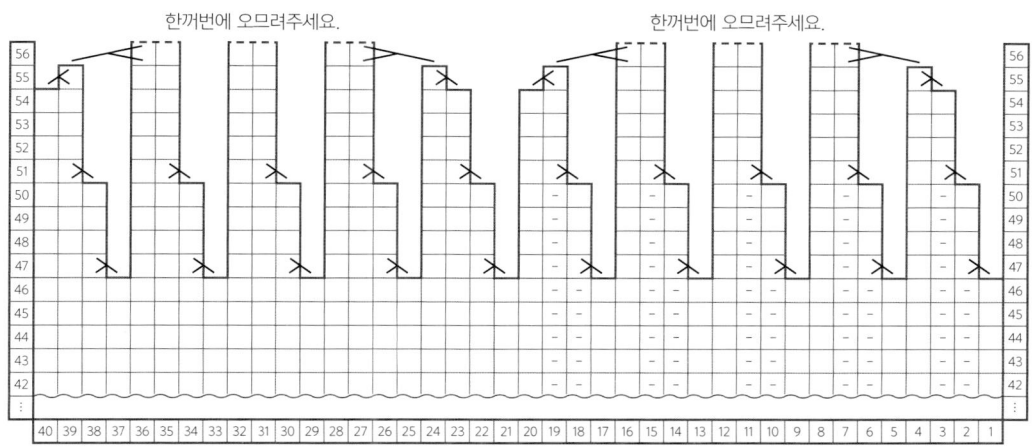

| | 겉면에서 겉뜨기, 안면에서 안뜨기 |
|---|---|
| - | 겉면에서 안뜨기, 안면에서 겉뜨기 |
| V | 편물을 뜨지 않고 모양 그대로 옮기기 |

| t | → 왼쪽 바늘의 첫 번째 코에 실이 감긴 상태로 편물을 반대로 돌린다. |
|---|---|
| w | ← 실을 반대 위치로 보내고 왼쪽 바늘의 가장 첫 코를 오른쪽 바늘에 옮긴 뒤 실을 다시 원래 위치로 보내고 코도 왼쪽 바늘로 옮긴다. |

| T | → 왼쪽 바늘의 첫 번째 코에 실이 한 번 더 감긴 상태로 편물을 반대로 돌린다. |
|---|---|
| W | ← wrap이 되어 있는 코에 한 번 더 wrap한다. 코를 감은 실이 두 가닥이 된다. |

| ★ | 편물 안쪽을 바라보고 wrap한 코의 감긴 실을 바깥에서 끌어올려 왼쪽 바늘에 걸어준 뒤, 기존의 코와 함께 모아 안뜨기 한다. |
|---|---|
| ☆ | 편물 겉쪽을 바라보고 wrap한 코의 감긴 실의 아래에서부터 들어가 기존의 코와 함께 모아뜨기 한다. |

| ⋌ | 왼코 모아뜨기(두 개의 코를 동시에 겉뜨기) |
|---|---|
| ⋋ | 오른코 모아뜨기(첫 번째 코를 겉뜨기 하듯이 뜨지 않고 넘기고 두 번째 코를 겉뜨기 한 뒤, 넘긴 코를 덮어씌우기) |

SLOWMELODII

# 느린멜로디의
# 서술형 가이드

## 01. 고무뜨기 CUFF 만들기

**1단_** 3.0mm 대바늘을 사용하여 실 끝에서 약 60cm 되는 부분부터 느슨하게 40+1코를 만듭니다.
원통으로 합쳐 2단을 뜨기 전에 첫 코를 마지막 코 안으로 넣어준 뒤, 실 꼬리와 떠야 할 실을 적당히 잡아당겨 코 늘어짐이 없도록 해주세요.
즉 필요한 콧수+1코를 만들어 2단을 뜨기 직전 1코가 줄어들게 됩니다.
**2~6단_** 겉뜨기 1코, [안뜨기 2코, 겉뜨기 2코]×9, 안뜨기 2코, 겉뜨기 1코를 뜹니다.
**7~11단(3.5mm 바늘로 변경)_** 겉뜨기 1코, [안뜨기 2코, 겉뜨기 2코]×4, 안뜨기 2코, 남은 코 모두 겉뜨기 합니다.

## 02. 양말 형태 잡기

**HEEL(평면 뜨기 - wrap&turn 기법으로 뒤꿈치에 굴곡을 만듭니다.)**
이제 뒤꿈치를 완성하기 위해 원통형이 아닌 평면형으로 작업합니다.

편물을 돌려 첫 번째 코를 걸러 뜨기를 합니다(코의 루프 모양 그대로 옮깁니다).
안뜨기를 17코 뜨고 바로 다음 코를 w&t합니다. 편물을 돌려 겉뜨기를 16코 뜨고 바로 다음 코를 w&t합니다.

[편물을 돌려 전 단의 w&t의 직전 코가 나올 때까지 안뜨기를 하고 그 직전 코에 w&t합니다.
편물을 돌려 전 단의 w&t의 직전 코가 나올 때까지 겉뜨기를 하고 그 직전 코에 w&t합니다.]
[~]를 4번 더 반복합니다.

편물을 돌려 가장 가까운 w&t이 나올 때까지 안뜨기를 하고 wrap된 코를 정리합니다. 그리고 그다음 코에 다시 w&t합니다. 이러면 방금 w&t한 코는 이중으로 wrap됩니다.
편물을 돌려 가장 가까운 w&t이 나올 때까지 겉뜨기를 하고 wrap된 코를 정리합니다. 그리고 그다음 코에 다시 w&t합니다. 이러면 방금 w&t 한 코는 이중으로 wrap됩니다.
[편물을 돌려 이중으로 wrap된 코가 나올 때까지 안뜨기를 하고 wrap된 코를 정리합니다. 그리고 그다음 코에 다시 w&t합니다.
편물을 돌려 이중으로 wrap된 코가 나올 때까지 겉뜨기를 하고 wrap된 코를 정리합니다. 그리고 그다음 코에 다시 w&t합니다.]
[~]를 3번 더 반복합니다.

편물을 돌려 이 중으로 wrap된 코가 나올 때까지 안뜨기를 하고 wrap된 코를 정리합니다. 그리고 안뜨기 1코를 뜹니다.
편물을 돌려 첫 번째 코를 걸러 뜨기를 합니다(코의 루프 모양 그대로 옮깁니다). 그다음 이중으로 wrap된 코가 나올 때까지 겉뜨기를 하고 wrap된 코를 정리합니다. 그다음 코는 겉뜨기 합니다.

### FOOT(원통 뜨기 - 발등과 발바닥으로 나눠 코의 증감 없이 원하는 길이만큼 뜹니다.)

**12~46단_** 다시 원통 뜨기로 돌아갑니다.
겉뜨기 1코, [안뜨기 2코, 겉뜨기 2코]×4, 안뜨기 2코, 남은 코는 모두 겉뜨기 합니다.
→ 길이를 조절하고 싶다면 이때 더 뜨거나 덜 뜰 수 있습니다.

### TOE(원통 뜨기 - 줄임을 하며 발끝 부분을 완성합니다.)

**47단_** [오른코 모아뜨기, 안뜨기 1코, 겉뜨기 1코]×5, [오른코 모아뜨기, 겉뜨기 2코]×5를 합니다.

**48~50단_** [겉뜨기 1코, 안뜨기 1코, 겉뜨기 1코]×5, 남은 코는 모두 겉뜨기 합니다.

**51단_** [오른코 모아뜨기, 겉뜨기 1코]×10을 반복합니다.

**52~54단_** 모두 겉뜨기 합니다.

**55단_** [오른코 모아뜨기, 겉뜨기 6코, 왼코 모아뜨기]×2를 합니다.

**56단_** [오른코 모아뜨기, 겉뜨기 4코, 왼코 모아뜨기]×2를 합니다.

## 03. 여러 코 한꺼번에 오므리기

실 끝을 20cm 정도 남겨 모든 코를 두 번 통과하여 오므립니다.

## 04. 마무리하기

다 오므린 실의 나머지는 오므린 가운데를 통해 양말의 안으로 넣어 정리합니다.
양말을 뒤집어 다른 남은 실도 꼼꼼히 정리합니다. HEEL의 경사 뜨기를 하느라 생긴 구멍 등이 있다면 이때 실을 정리할 때 코의 실을 갈라가며 꿰매어 구멍을 감춰도 좋습니다.

동일한 방법으로 반대쪽 양말도 작업합니다.

16

## CUFF DOWN 기법으로 뜨는
## 아기 양말

내 아이가 맞이하는 첫 번째 생일, 작고 귀여운 발을 소중히 감싸줄
포근한 양말 한 켤레를 선물해줄까요?

작품 난이도 ★★★☆☆

## How to Make

### 재료

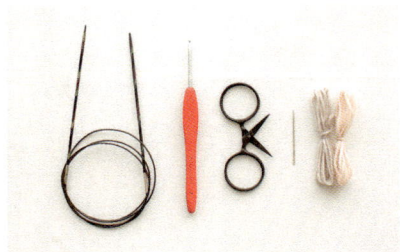

울혼방사(25g) 2 컬러

**바늘_** 줄바늘(Circular Needle) 2.5mm 80cm 이상, 끝이 뾰족한 돗바늘

### 게이지
메리야스 한 무늬(1코 2단): 0.25×0.5cm

### 완성 크기
발길이 12cm, 폭(단면) 6cm, 고무뜨기 부분 발목 길이 5cm(6~12개월 아기 발 기준)

### 무게
23g(한 켤레)

### 필요한 뜨개 기법
손가락으로 만드는 기초 코 / 겉뜨기 / 안뜨기 / 원통 뜨기 / 걸러 뜨기 / 왼코 모아뜨기 / 오른코 모아뜨기 / w&t(Wrap&Turn) / 메리야스 잇기

### SLOWMELODII'S TIP

1. CUFF DOWN STYLE의 발목에서부터 발끝으로 떠나가는 형태의 양말입니다. 양말의 구조도와 도안을 비교하여 보면 양말 뜨기에 대해 좀 더 쉽게 이해할 수 있습니다.
2. 줄바늘을 사용한 원통 뜨기 작업 시 매 단의 첫 코를 뜰 때 원통의 경계가 너무 벌어지거나 좁아지지 않도록 힘 조절에 유의해주세요.
   - 길이를 조절할 수 있는 곳: 1~20단 사이(발목의 길이 조절) / 22~43단 사이(양말의 길이 조절)
   - 배색하는 곳: 1~20단(발목 부분) / 44~끝(발끝)

## CUFF DOWN 1세 아기 양말

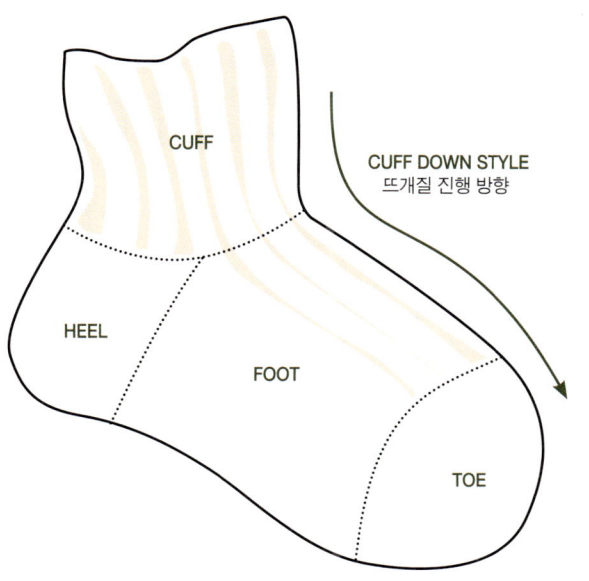

**CUFF(원통 뜨기)**
고무뜨기를 이용한 무늬 뜨기

**HEEL(평면 뜨기)**
Wrap&Turn을 이용한
뒤꿈치 경사 뜨기

**FOOT(원통 뜨기)**
고무뜨기를 이용한 무늬 뜨기

**TOE(원통 뜨기)**
고무뜨기와 모아뜨기를 이용해
코 줄이며 마무리

## CUFF / HEEL / FOOT

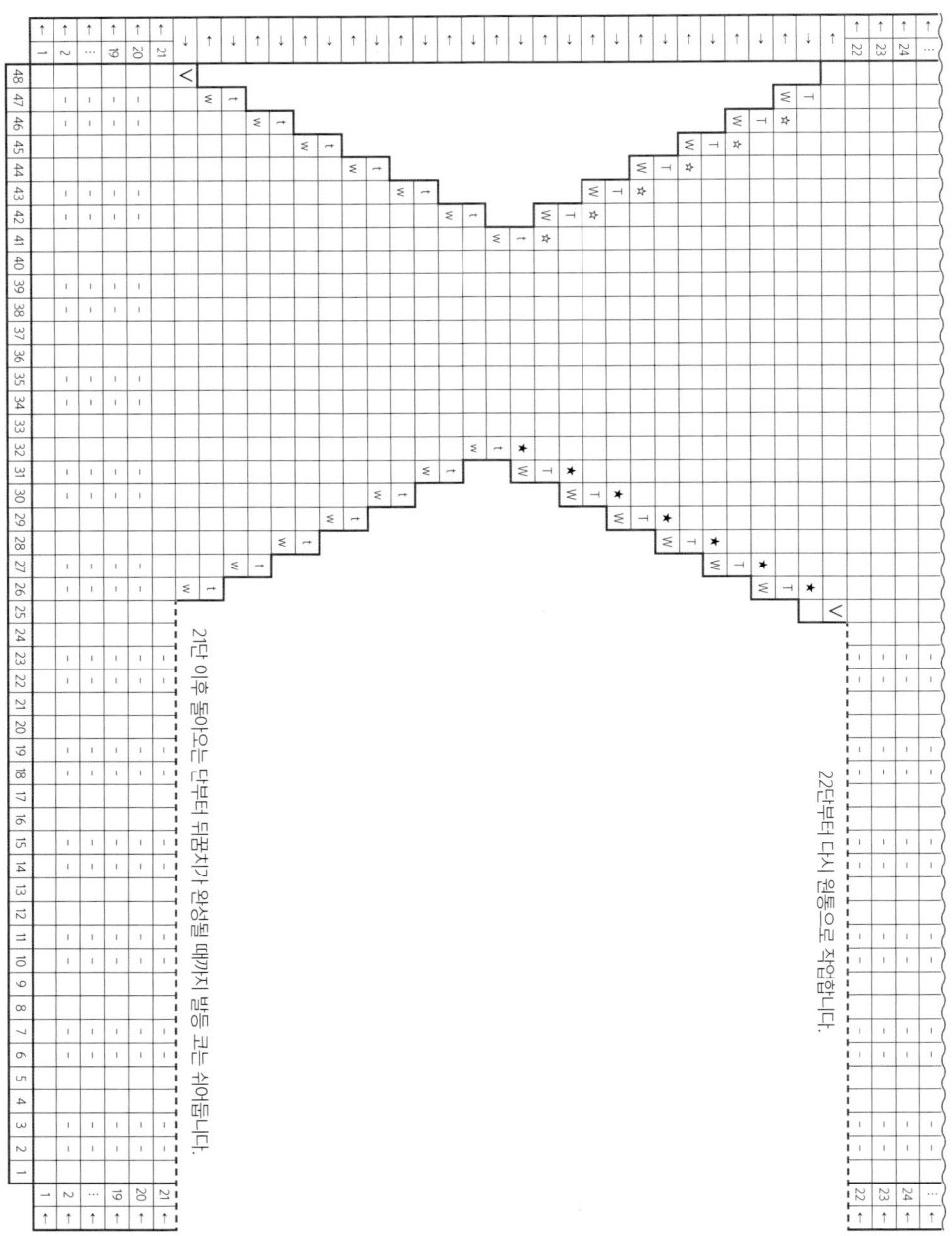

## TOE

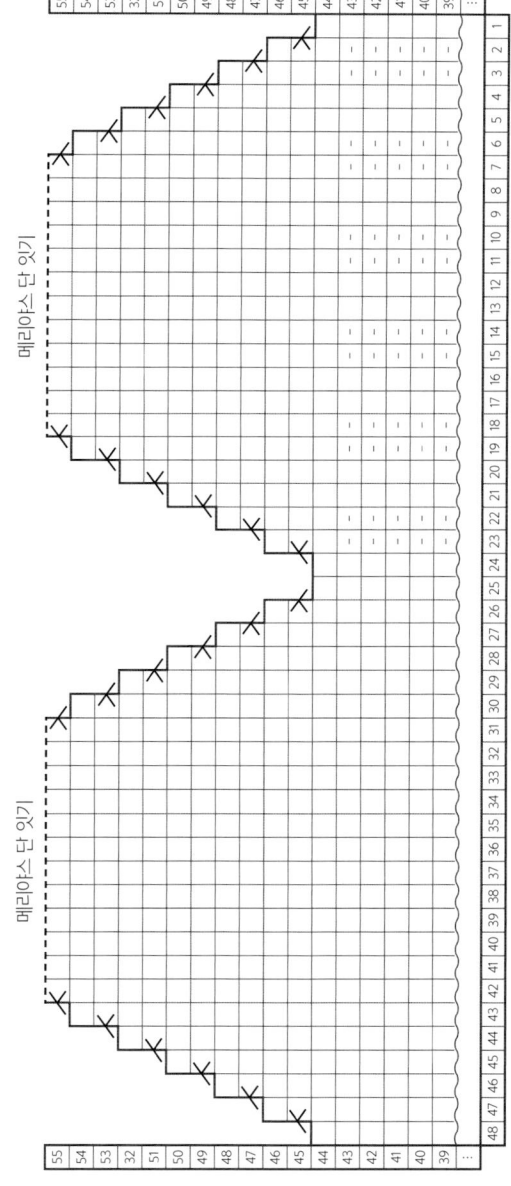

|  | 겉면에서 겉뜨기, 안면에서 안뜨기 |
| --- | --- |
| - | 겉면에서 안뜨기, 안면에서 겉뜨기 |
| V | 편물을 뜨지 않고 모양 그대로 옮기기 |
| t | → 왼쪽 바늘의 첫 번째 코에 실이 감긴 상태로 편물을 반대로 돌린다. |
| w | ← 실을 반대 위치로 보내고 왼쪽 바늘의 가장 첫 코를 오른쪽 바늘에 옮긴 뒤 실을 다시 원래 위치로 보내고 코도 왼쪽 바늘로 옮긴다. |
| T | → 왼쪽 바늘의 첫 번째 코에 실이 한 번 더 감긴 상태로 편물을 반대로 돌린다. |
| W | ← wrap이 되어 있는 코에 한 번 더 wrap한다. 코를 감은 실이 두 가닥이 된다. |
| ★ | 편물 안쪽을 바라보고 wrap한 코의 감긴 실을 바깥에서 끌어올려 왼쪽 바늘에 걸어준 뒤, 기존의 코와 함께 모아 안뜨기한다. |
| ☆ | 편물 겉쪽을 바라보고 wrap한 코의 감긴 실의 아래에서부터 들어가 기존의 코와 함께 모아뜨기 한다. |
| ⋋ | 왼코 모아뜨기(두 개의 코를 동시에 걸뜨기) |
| ⋌ | 오른코 모아뜨기(첫 번째 코를 걸뜨기 하듯이 뜨지 않고 넘기고 두 번째 코를 걸뜨기 한 뒤, 넘긴 코를 덮어씌우기) |

SLOWMELODII

# 느린멜로디의
# 서술형 가이드

## 01. 코 만들기

**CUFF(원통 뜨기)**
**1단_** 실 끝에서 약 40cm 되는 부분부터 48+1코를 만들어 매직 루프 기법을 이용해 24+1, 24코씩 나눕니다. 원통으로 합쳐 2단을 뜨기 전에 첫 코를 마지막 코 안으로 넣어준 뒤, 실 꼬리와 떠야 할 실을 적당히 잡아당겨 코 늘어짐이 없도록 해주세요.
즉 필요한 콧수+1코를 만들어 2단을 뜨기 직전 1코가 줄어들게 됩니다.

## 02. 두 코 고무뜨기

**2~20단_** 겉뜨기 1코, [안뜨기 2코, 겉뜨기 2코]×11, 안뜨기 2코, 겉뜨기 1코를 뜹니다.
→ 발목 부분의 색을 달리하고 싶다면, 이 CUFF 부분을 배색 실로 뜹니다.

## 03. 양말 형태 잡기

**HEEL(평면 뜨기 - wrap&turn 기법으로 뒤꿈치에 굴곡을 만듭니다.)**
**21단(발등 부분의 24코만 진행)_** 겉뜨기 1코, [안뜨기 2코, 겉뜨기 2코]×5코, 안뜨기 2코, 겉뜨기 1코를 뜹니다. 이후로 발등 부분은 바늘에 그대로 걸어둔 채 잠시 쉬어둡니다.

이제 뒤꿈치를 완성하기 위해 원통형이 아닌 평면형으로 작업합니다.
편물을 돌려 첫 번째 코를 걸러 뜨기를 합니다(코의 루프 모양 그대로 옮깁니다).

안뜨기를 21코 뜨고 바로 다음 코를 w&t합니다. 편물을 돌려 겉뜨기를 20코 뜨고 바로 다음 코를 w&t합니다.

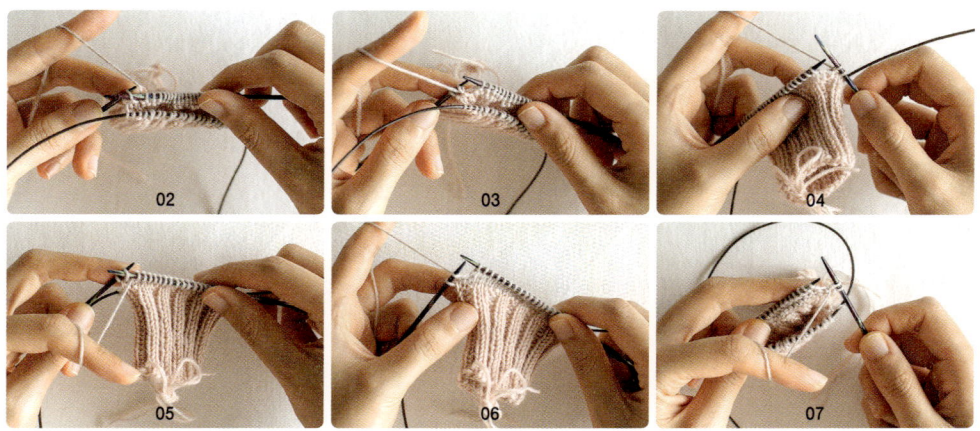

[편물을 돌려 전 단의 w&t의 직전 코가 나올 때까지 안뜨기를 하고 그 직전 코에 w&t합니다.
편물을 돌려 전 단의 w&t의 직전 코가 나올 때까지 겉뜨기를 하고 그 직전 코에 w&t합니다.]
[~]를 5번 더 반복합니다.

편물을 돌려 가장 가까운 w&t이 나올 때까지 안뜨기를 하고 wrap된 코를 정리합니다. 그리고 그다음 코에 다시 w&t합니다. 이러면 방금 w&t한 코는 이중으로 wrap됩니다.

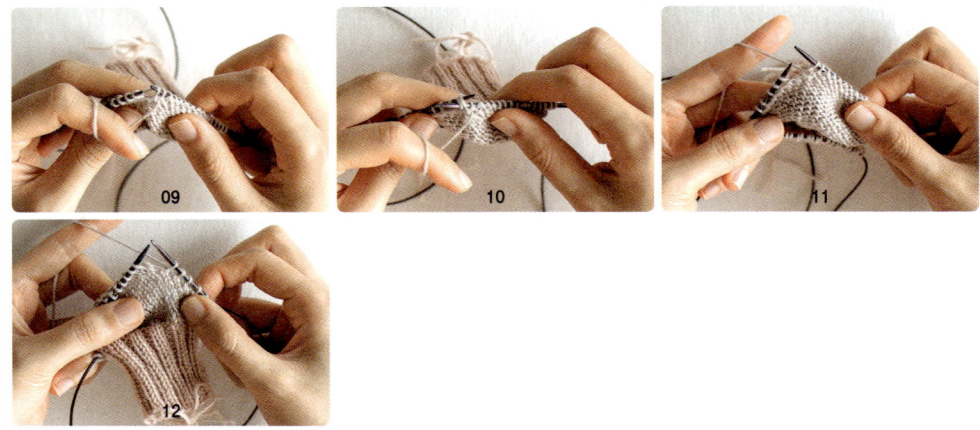

편물을 돌려 가장 가까운 w&t이 나올 때까지 겉뜨기를 하고 wrap된 코를 정리합니다. 그리고 그다음 코에 다시 w&t합니다. 이러면 방금 w&t한 코는 이중으로 wrap됩니다.

[편물을 돌려 이중으로 wrap된 코가 나올 때까지 안뜨기를 하고 wrap된 코를 정리합니다. 그리고 그다음 코에 다시 w&t합니다.

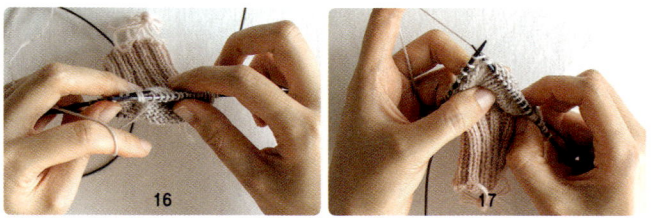

편물을 돌려 이중으로 wrap된 코가 나올 때까지 겉뜨기를 하고 wrap된 코를 정리합니다. 그리고 그다음 코에 다시 w&t합니다.]

[~]를 4번 더 반복합니다.

편물을 돌려 이중으로 wrap된 코가 나올 때까지 안뜨기를 하고 wrap된 코를 정리합니다. 그리고 안뜨기 1코를 뜹니다.

편물을 돌려 첫 번째 코를 걸러 뜨기를 합니다(코의 루프 모양 그대로 옮깁니다). 그다음 이중으로 wrap된 코가 나올 때까지 겉뜨기를 뜨고 wrap된 코를 정리합니다. 그다음 코는 겉뜨기 합니다.

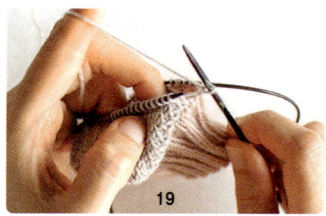 

**FOOT**(원통 뜨기 - 발등과 발바닥으로 나눠 코의 증감 없이 원하는 길이만큼 뜹니다.)

**22~43단_** 다시 원통으로 합쳐 발등은 고무뜨기 무늬를 살리고, 발바닥은 메리야스 뜨기를 합니다.

→ 길이를 조절하고 싶다면 이때 더 뜨거나 덜 뜰 수 있습니다.

**TOE**(원통 뜨기 - 한 단씩 걸러 코 줄임을 하며 발끝 부분을 완성합니다. 마지막엔 메리야스 단 잇기로 마무리합니다.)

→ 발끝 부분의 색을 달리하고 싶다면, 이 TOE 부분을 배색 실로 뜹니다.

**44단_** 모두 겉뜨기 합니다.

**45단_** [오른코 모아뜨기, 발등의 코가 2코 남을 때까지 모두 겉뜨기, 왼코 모아뜨기, 오른코 모아뜨기, 발바닥의 코가 2코 남을 때까지 모두 겉뜨기, 왼코 모아뜨기]를 합니다.

**46~55단_** 44단과 45단과 같이 반복해 전체 콧수가 24코가 될 때까지 코줄임을 합니다.

## 04. 메리야스 단 잇기

발등을 바로 보고 발끝을 위로 가도록 두고 메리야스 잇기를 위한 실을 편물 둘레의 3배 정도 남겨두고 자릅니다.

발등의 가장 오른쪽 코 루프의 안쪽에서 겉을 향하게 실을 한 번 통과시킵니다. 마찬가지로 발바닥의 가장 오른쪽 코 루프의 안쪽에서 겉을 향하게 실을 한 번 통과시킵니다.

그다음부터는 코의 반 코와 반 코를 동시에 통과시키며 루프 모양을 만듭니다. 이때 기억할 점은 루프의 겉에서 들어가 겉으로 나오게 돗바늘을 통과시킨다는 점이에요.

마지막 코도 마찬가지로 반 코와 반 코를 연결했다면, 가장 마지막으로 마지막 루프의 반 코만 통과시켜 단 잇기를 마무리합니다.

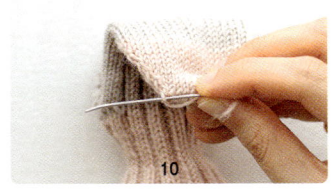

남은 실은 편물의 중간으로 넣어주세요.

## 05. 마무리하기

양말을 뒤집어 남은 실을 꼼꼼히 정리합니다. HEEL의 경사 뜨기를 하느라 생긴 구멍 등이 있다면 실을 정리할 때 코의 실을 갈라가며 꿰매어 구멍을 감춰주면 좋습니다.

똑같은 방법으로 다른 한짝을 더 작업합니다.

17

## I AM 풀오버
### 여러 가지 기법 총망라, 내 옷을 떠보자 01

TOP-DOWN STYLE로 나를 위한 옷을 지어요.
심플하게 완성된 포근한 스웨터!

작품 난이도 ★★★★☆

# How to Make

### 재료

울(40g) 메인 컬러 10볼, 자수용 포인트 컬러 소량

### 바늘_
줄바늘(Circular Needle) 4.5mm 80cm,
줄바늘(Circular Needle) 5.0mm 40cm,
줄바늘(Circular Needle) 5.0mm 80cm,
끝이 구부러진 돗바늘, 끝이 뽀족한 돗바늘

### 게이지
메리야스 무늬 사방 10cm: 18코 24단

### 완성 크기
가슴둘레 95cm, 길이 52cm

### 무게
397g

### 필요한 뜨개 기법
손가락으로 만드는 기초 코 / 겉뜨기 / 안뜨기 / 감아 코 만들기 / 왼코 모아뜨기 / 오른코 모아뜨기 / 꼬아 코 늘리기 / 체인 스티치 놓기

### SLOWMELODII'S TIP
1. 목부터 몸쪽으로 떠 나가는 TOP-DOWN STYLE(톱-다운 스타일)을 익히기에 안성맞춤이에요.
2. 몸판의 길이가 짧게 느껴진다면 보디(Body) 부분에서 얼마든지 길이를 조절할 수 있습니다.

## I AM 풀오버

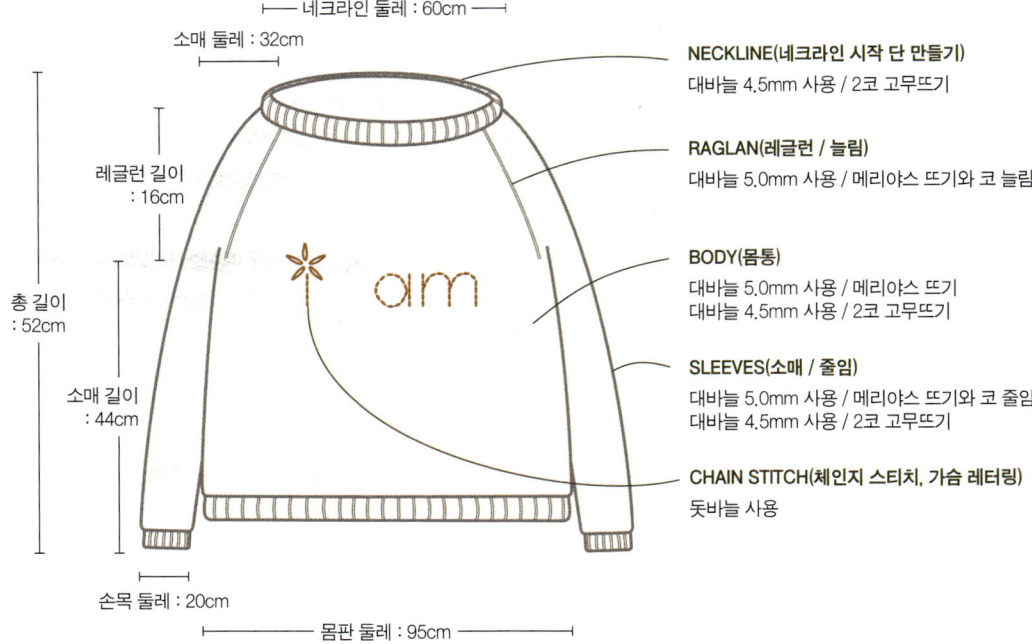

- 네크라인 둘레 : 60cm
- 소매 둘레 : 32cm
- 레글런 길이 : 16cm
- 총 길이 : 52cm
- 소매 길이 : 44cm
- 손목 둘레 : 20cm
- 몸판 둘레 : 95cm

**NECKLINE**(네크라인 시작 단 만들기)
대바늘 4.5mm 사용 / 2코 고무뜨기

**RAGLAN**(레글런 / 늘림)
대바늘 5.0mm 사용 / 메리야스 뜨기와 코 늘림

**BODY**(몸통)
대바늘 5.0mm 사용 / 메리야스 뜨기
대바늘 4.5mm 사용 / 2코 고무뜨기

**SLEEVES**(소매 / 줄임)
대바늘 5.0mm 사용 / 메리야스 뜨기와 코 줄임
대바늘 4.5mm 사용 / 2코 고무뜨기

**CHAIN STITCH**(체인지 스티치, 가슴 레터링)
돗바늘 사용

## 코 잡기부터 소매 분리 직전

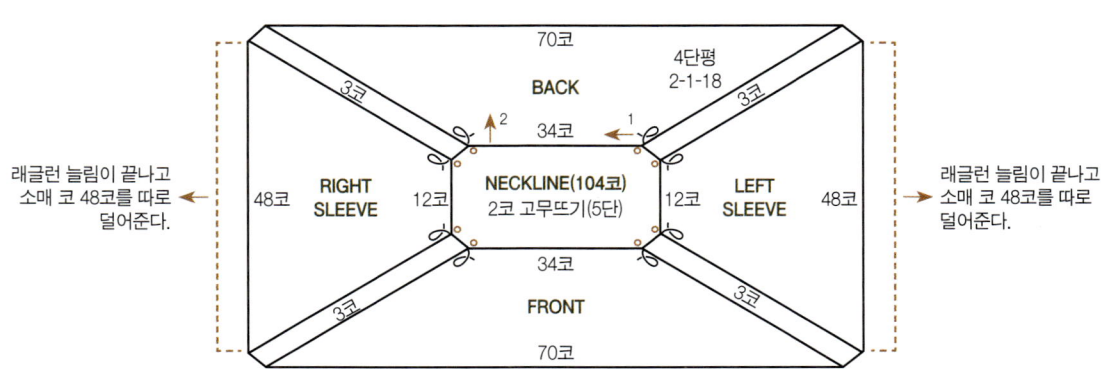

래글런 늘림이 끝나고 소매 코 48코를 따로 덜어준다.

## 소매 코 줍기 및 코 줄임

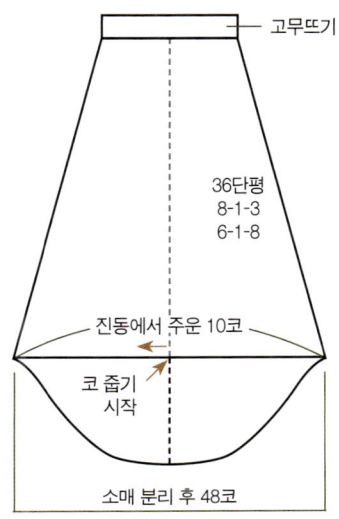

고무뜨기

36단평
8-1-3
6-1-8

진동에서 주운 10코

코 줍기 시작

소매 분리 후 48코

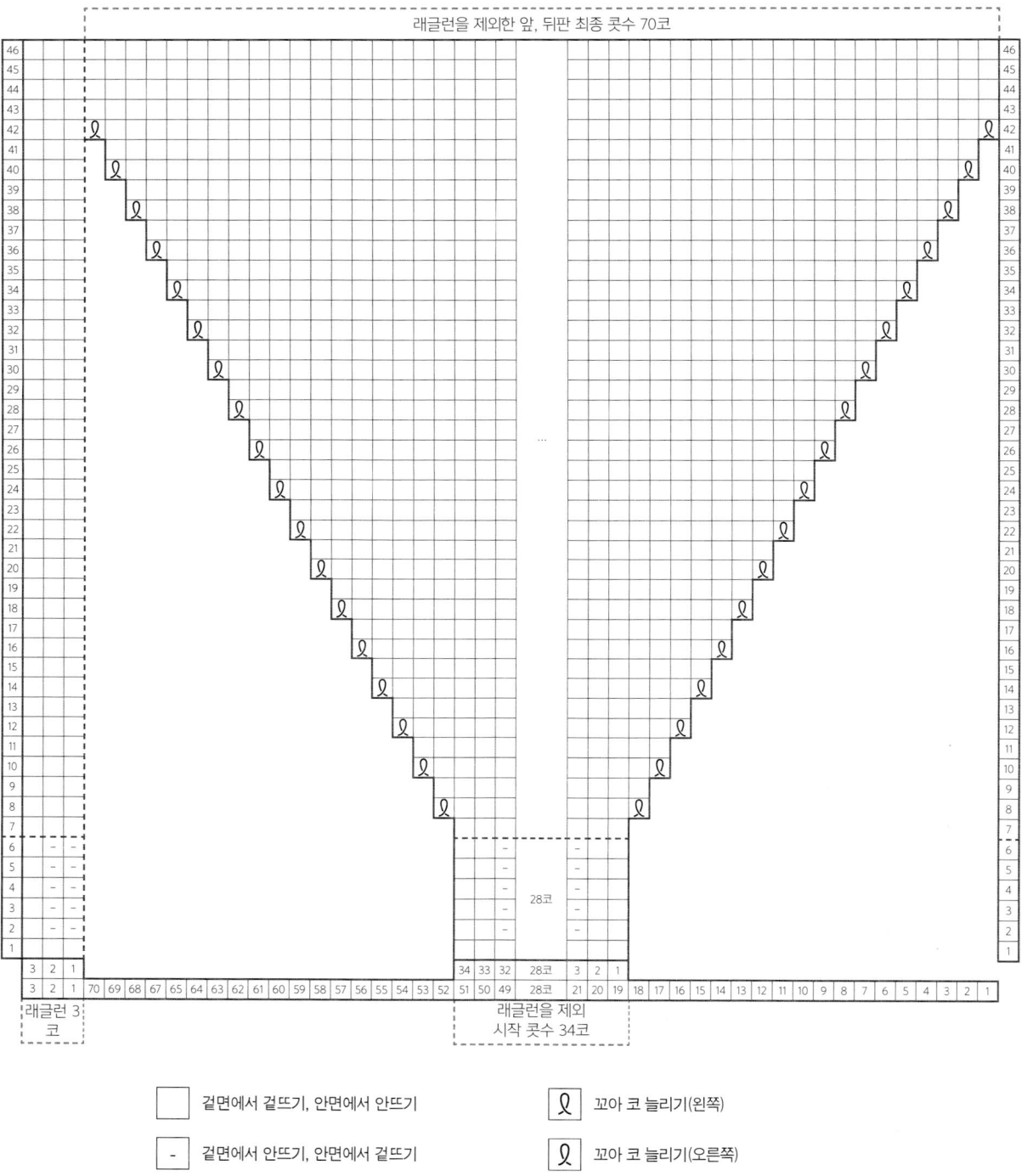

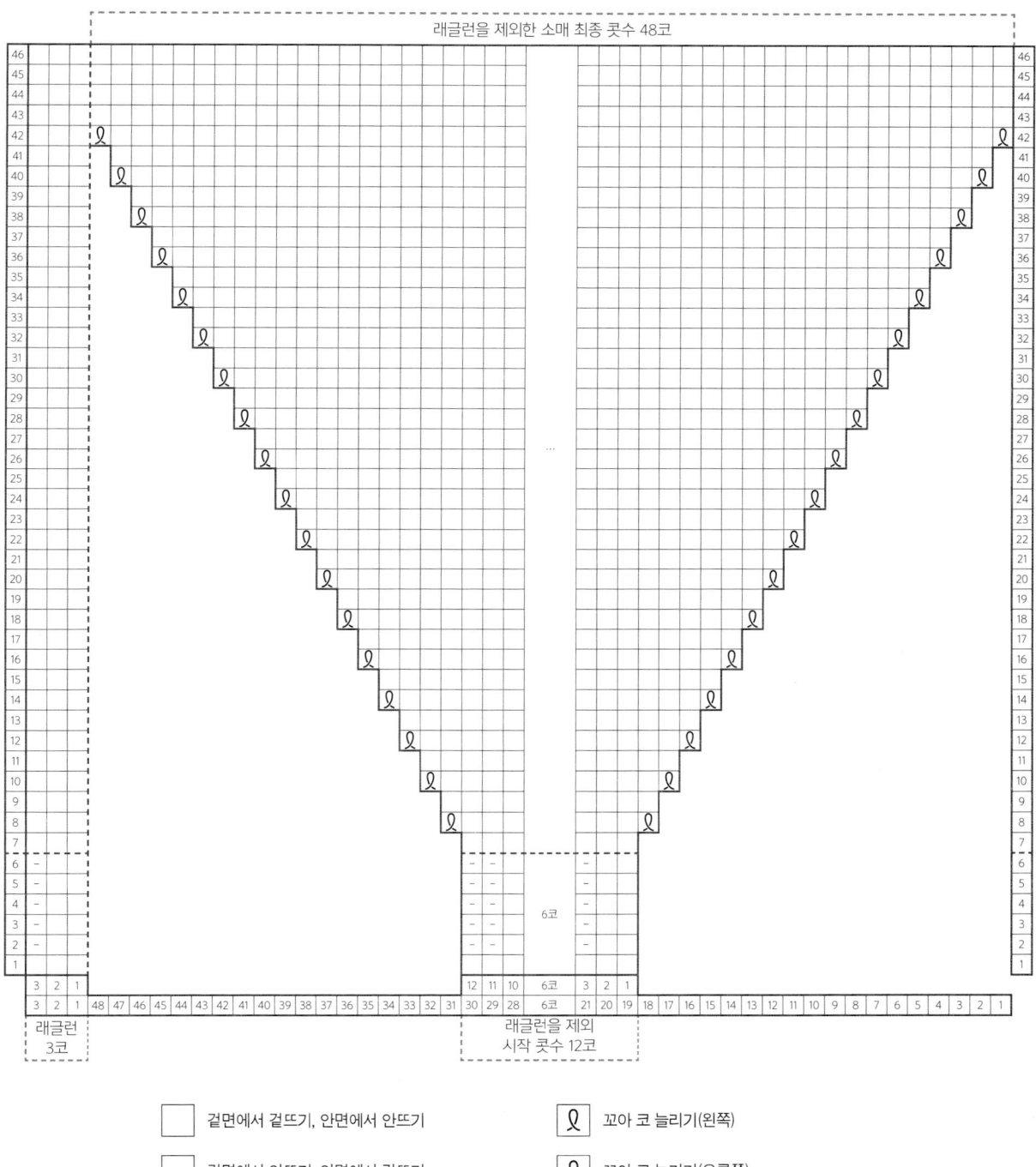

## 소매 분리 후 BODY

| | | | | | | | | | | | | | | | | | | | | | | | | | | | | | | | |
|---|---|---|---|---|---|---|---|---|---|---|---|---|---|---|---|---|---|---|---|---|---|---|---|---|---|---|---|---|---|---|---|
|126|−|−| |−|−|−|−| |−|−|−| |−|−|−|−| |−|−|−| |−|−|−|−| |−|−|−|−|126|
|125|−|−| |−|−|−|−| |−|−|−| |−|−|−|−| |−|−|−| |−|−|−|−| |−|−|−|−|125|
|124|−|−|…|−|−|−|−|…|−|−|−|…|−|−|−|−|…|−|−|−|…|−|−|−|−|…|−|−|−|−|124|
|123|−|−| |−|−|−|−| |−|−|−| |−|−|−|−| |−|−|−| |−|−|−|−| |−|−|−|−|123|
|122|−|−| |−|−|−|−| |−|−|−| |−|−|−|−| |−|−|−| |−|−|−|−| |−|−|−|−|122|
|121|−|−| |−|−|−|−| |−|−|−| |−|−|−|−| |−|−|−| |−|−|−|−| |−|−|−|−|121|
| |172|171|170|169|160|159|158|157|156|155|154|153|152|…|91|90|89|88|87|86|85|84|83|…|74|73|72|71|70|69|68|67|66|…|5|4|3|2|1| |

래글런 3코 | 진동에서 만든 10코 | 래글런 3코 | 앞판 70코 | 래글런 3코 | 진동에서 만든 10코 | 래글런 3코 | 뒷판 70코

□ 겉면에서 겉뜨기, 안면에서 안뜨기
− 겉면에서 안뜨기, 안면에서 겉뜨기

● 엎어 코 마무리
⊜ 안뜨기 엎어 코 마무리

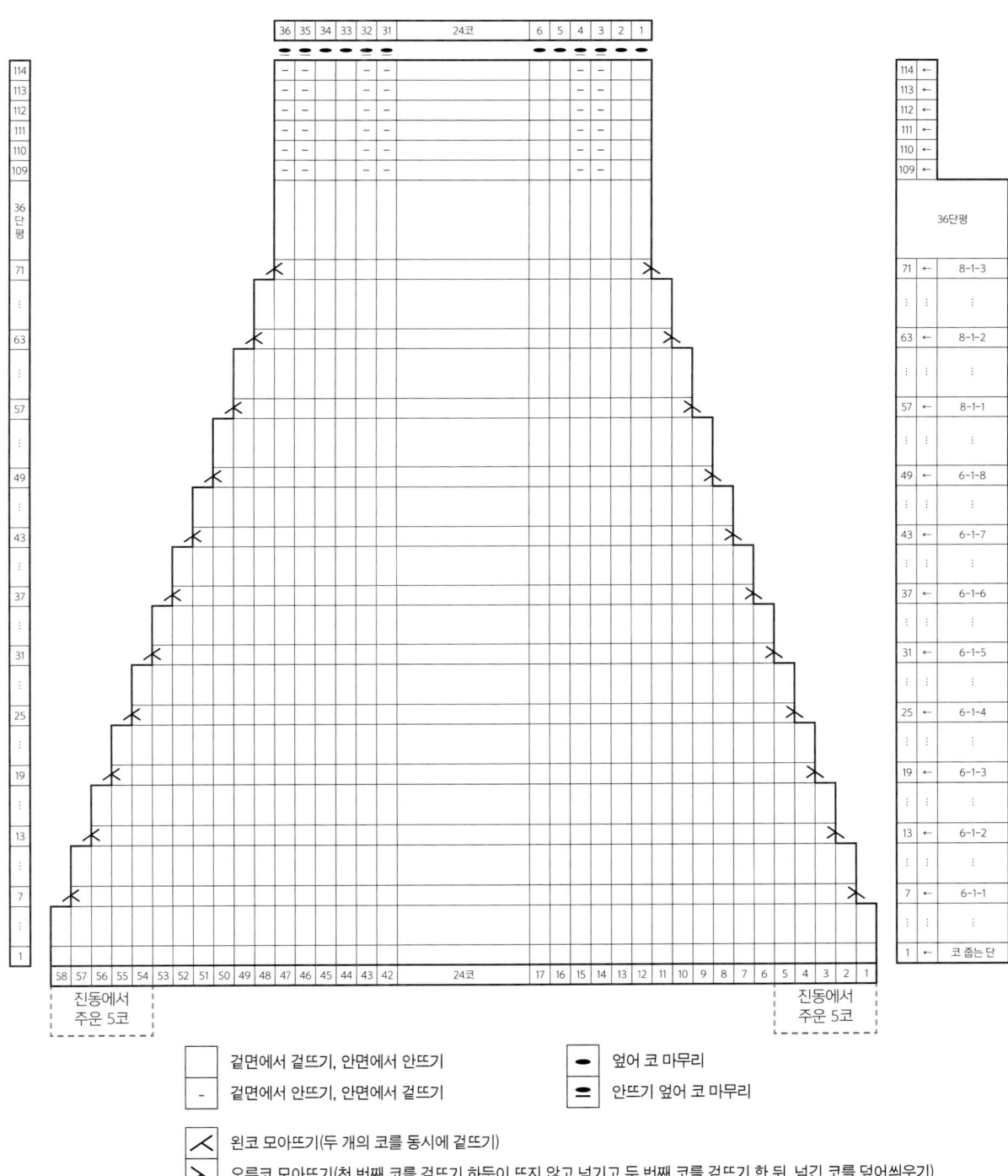

SLOWMELODII

# 느린멜로디의
# 서술형 가이드

## 01. 네크라인 고무뜨기 뜨기

**1단(겉면)_** 실 끝에서 약 180cm 되는 부분부터 104+1코를 만듭니다.
매직 루프 기법을 이용해 원통으로 합쳐 2단을 뜨기 전에 첫 코를 마지막 코 안으로 넣어준 뒤, 실 꼬리와 떠야 할 실을 적당히 잡아당겨 코 늘어짐이 없도록 해주세요.
즉 필요한 콧수+1코를 만들어 2단을 뜨기 직전 1코가 줄어들게 됩니다.
**2~6단_** 시작 부분에 마커를 걸어 시작점을 표시합니다.
[겉뜨기 2코, 안뜨기 2코]를 반복합니다.

## 02. 네크라인~소매 분리 전까지 뜨기

01

**7~46단_** 5.0mm 바늘로 변경하여 작업합니다.

**7단_** 래글런 늘림의 그림을 참고하여 각 파트 사이에 마커를 추가하며 다음과 같이 겉뜨기를 합니다.
뒷판 34코, 래글런 3코, 오른쪽 소매 12코, 래글런 3코, 앞판 34코, 래글런 3코, 왼쪽 소매 12코, 래글런 3코
→ 총 104코, 각 파트 사이에 마커 걸기

**8단_** [마커 옮기기, 왼코 꼬아 코 늘리기, 다음 마커까지 진행, 오른코 꼬아 코 늘리기]를 4번 반복합니다.

**왼코 꼬아 코 늘리기 :** 왼쪽 대바늘로 싱커 루프를 루프 모양에 알맞게 걸어줍니다. 오른쪽 대바늘을 뒤쪽으로 찔러넣어 그대로 겉뜨기 하듯이 떠 코를 늘립니다. 왼쪽 루프가 위로 올라온 꼬아 코 늘리기 완성입니다.

 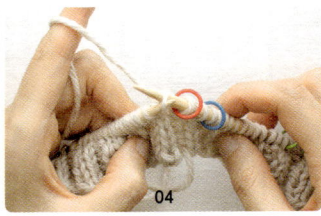 

**오른코 꼬아 코 늘리기 :** 왼쪽 대바늘로 싱커 루프를 루프 모양과 반대로 걸어줍니다. 오른쪽 대바늘을 앞의 왼쪽에서부터 찔러넣어 그대로 겉뜨기 하듯이 떠 코를 늘립니다. 오른쪽 루프가 위로 올라온 꼬아 코 늘리기 완성입니다.
→ 8코 증가

**9단_** 8단에 코를 늘린 것에 맞춰 콧수의 변동 없이 겉뜨기 합니다.
**10~42단_** [8단, 9단]을 17번 반복합니다.
코 늘림이 총 18단(9단부터 42단까지의 짝수 단)에 걸쳐 진행되고, 한 번에 8코씩 18번 늘어나기 때문에 42단에 총 콧수는 248코가 됩니다.

원통으로 돌아가며 뜨기 때문에 다른 래글런 주위의 코 늘림과 원통의 합쳐지는 부분의 코 늘림 모양이 살짝 다릅니다.

**43~46단_** 래글런 늘림이 끝난 후, 콧수의 변동 없이 평단으로 4단 진행합니다. 바늘 하나를 추가해 앞뒤로 코를 나눈 후 입어보아 암홀 부분에 여유가 있다면 소매 분리로 넘어가고, 만약 여유롭지 않다면 평단을 더 진행해주세요.

## 03. 소매 분리하기

**47단_** 시작 마커를 옮기고 뒷판 70코, 마커 제거, 래글런 3코를 뜬 뒤 소매 코 48코를 다른 바늘이나 여유분의 실에 덜어두세요. 이때 소매 코 앞뒤의 마커도 모두 제거합니다.

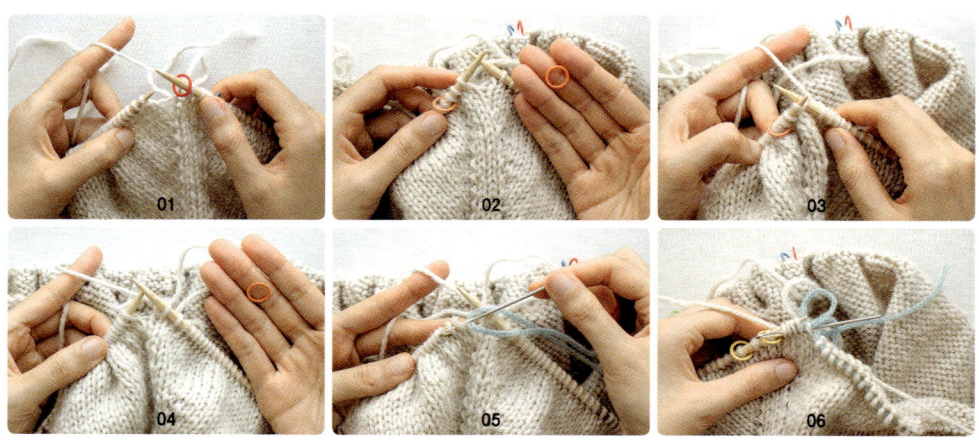

감아 코 만들기로 오른쪽 소매의 진동에 해당하는 코를 10코 만든 뒤, 래글런 3코, 마커 제거, 앞판 70코, 마커 제거, 래글런 3코를 뜨고, 소매 코 48코를 똑같이 다른 바늘이나 여유분의 실에 덜어두세요. 이때 소매 코 앞뒤의 마커도 모두 제거합니다. 감아 코 만들기로 진동에 해당하는 코를 10코 만든 뒤 래글런 3코를 떠주세요.

소매 분리가 끝났습니다. 마커는 시작점에만 남아 있고 모두 제거된 상태입니다.

## 04. 몸통 완성하기

**47~120단**_ 소매를 분리한 뒤, 콧수의 변동 없이 메리야스 뜨기를 합니다.
**121~126단**_ 4.5mm 바늘로 바꿔 [겉뜨기 2코, 안뜨기 2코]를 반복하는 2코 고무뜨기 6단을 진행한 뒤, 전 단의 코 모양 그대로 코를 엎으며 마무리합니다.

## 05. 소매 뜨기(동일하게 2개 작업)

**1단**_ 새로운 실을 진동코 10코 중 가운데에 연결해 다음과 같이 코를 주워가며 겉뜨기 합니다.
진동 5코 줍기, 소매 48코 뜨기, 진동 5코 줍기.
시작 부분이 헷갈리지 않도록 진동 중앙에 마커를 표시해두세요.
→ 총 콧수 58코
**2~6단**_ 가감 없이 메리야스 뜨기로 평단 5단을 진행합니다.
**7단**_ [마커 옮기기, 왼코 모아뜨기, 마커 1코 전까지 진행, 오른코 모아뜨기]
→ 위의 2~7단의 뜨기를 7번 반복(총 6-1-8), 그 후 8-1-3(8단마다 1코씩 3번, 총 6코 감소) 줄임 단, 그 후 평단을 36단 뜹니다.
→ 총 콧수 36코
**109~113단**_ 4.5mm 대바늘로 바꿔 [겉뜨기 2코, 안뜨기 2코]를 반복하는 2코 고무뜨기 5단을 진행한 뒤, 전 단의 코 모양 그대로 코를 엎어주며 마무리합니다.

## 06. 체인 스티치 놓기

풀오버의 앞면에 색이 다른 실로 체인 스티치를 이용해 'I AM'이라는 글씨를 넣어주세요.

## 07. 마무리하기

여기저기 정리되지 않은 실 꼬리를 뾰족한 돗바늘을 이용해 감춰줍니다. 소매의 진동 코 양옆의 이음새 구멍이 크다면 마찬가지로 실 꼬리를 통과시키며 메워주세요.

## 18

### 블루 서머 풀오버
여러 가지 기법 총망라, 내 옷을 떠보자 02

BOTTOM-UP STYLE로 나를 위한 옷을 지어요.
심플하게 완성한 포근한 스웨터!

작품 난이도 ★★★★★

# How to Make

### 재료

울혼방사(360g)

### 바늘_
줄바늘(Circular Needle) 4.0mm 80cm,
줄바늘(Circular Needle) 4.0mm 40cm,
줄바늘(Circular Needle) 3.5mm 40cm,
끝이 구부러진 돗바늘, 끝이 뾰족한 돗바늘

### 게이지
메리야스 무늬 사방 10cm: 20.5코 32단
배색 무늬 몸판 한 무늬(24코 16단): 7×6.5cm
배색 무늬 소매 한 무늬(16코 14단): 6.5×5cm

### 완성 크기
M 사이즈: 가슴둘레 96cm, 길이 48.5cm / L 사이즈: 가슴둘레 118cm, 길이 64.5cm

### 무게
355g(M사이즈)

### 필요한 뜨개 기법
손가락으로 만드는 기초 코 / 겉뜨기 / 안뜨기 / 왼코 모아뜨기 / 오른코 모아뜨기 / 코 엎기 / w&t(wrap&turn) / 코 줍기 / 솔기 잇기

### SLOWMELODII'S TIP
1. 진동 없이 쭉 떠 올라가서 어깨 경사만 만들어주면 어렵지 않게 작업할 수 있습니다. 아래에서부터 떠 올라가는 BOTTOM-UP STYLE(바텀-업 스타일)을 익히기에 안성맞춤이에요.
2. 몸판의 길이가 짧게 느껴진다면 배색과 진동 부분 사이에서 얼마든지 길이를 조절할 수 있습니다.

## 블루 서머 풀오버

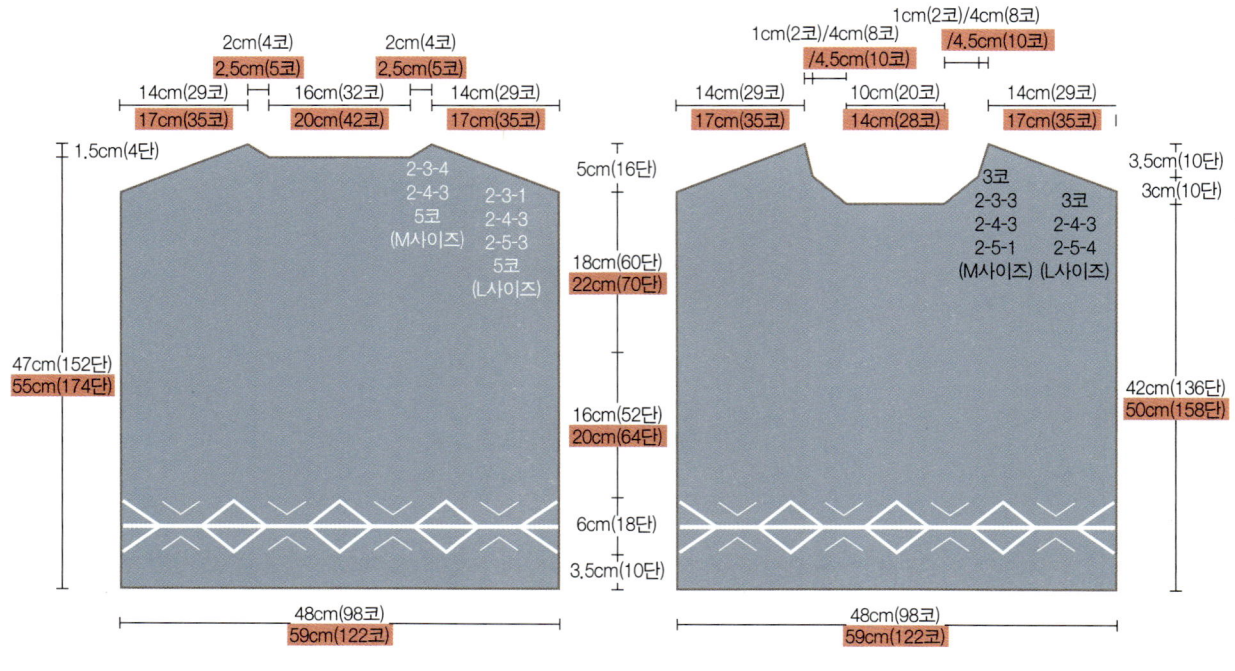

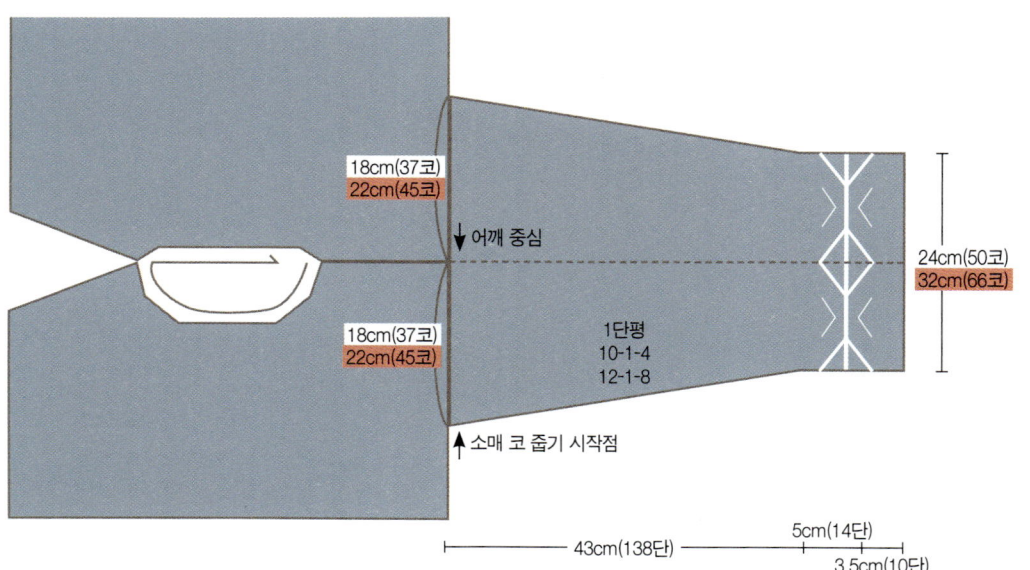

## 배색 패턴 및 엣징 도안

### 앞, 뒷판

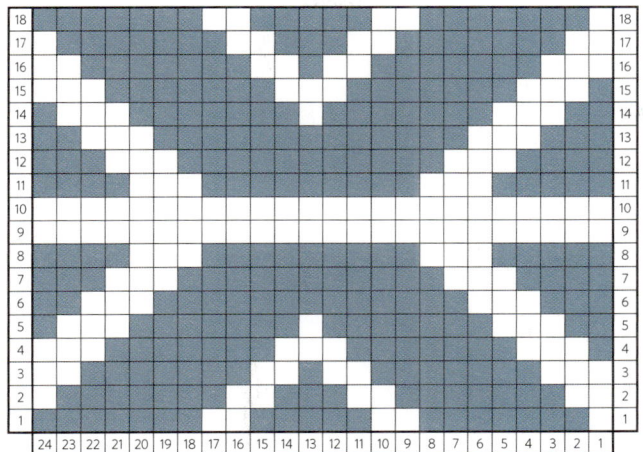

### 소매

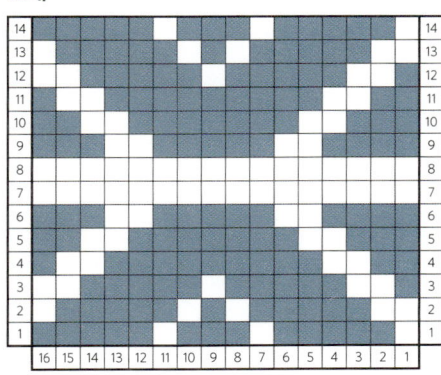

바탕 색
포인트 색

### 앞, 뒷판 엣징 부분(M 사이즈 기준)

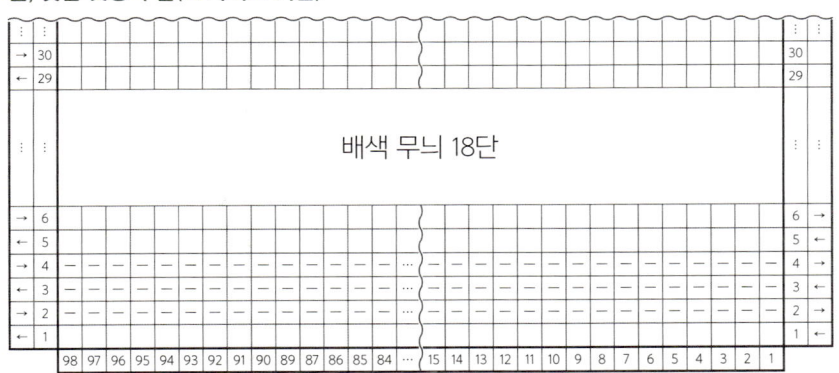

### 소매 엣징 부분(M 사이즈 기준)

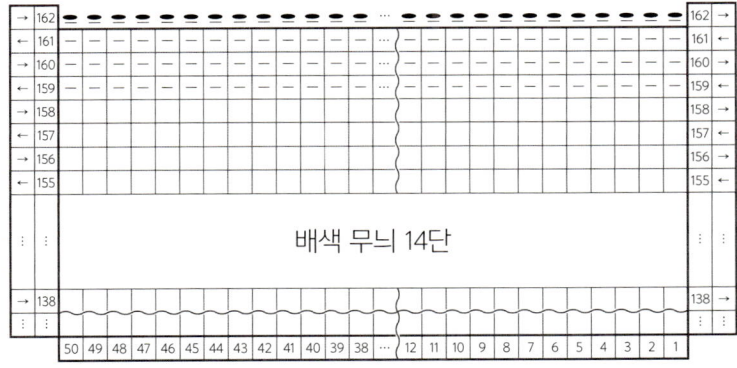

겉면에서 겉뜨기, 안면에서 안뜨기
안뜨기 엎어 코 마무리

## 블루 서머 풀오버 뒷판 어깨 경사와 네크라인
- M 사이즈 -

**오른쪽 어깨**

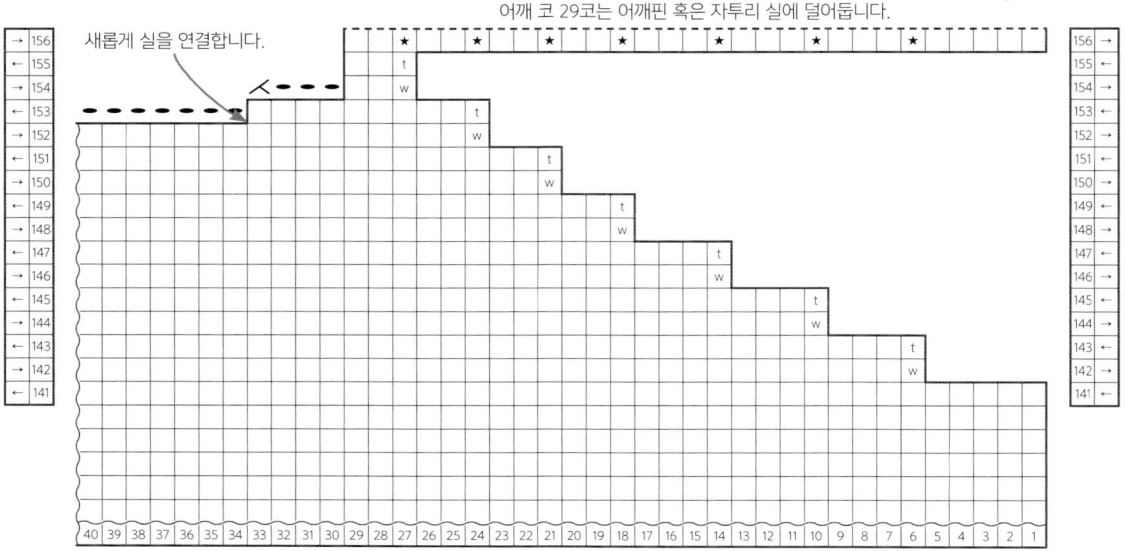

**왼쪽 어깨**

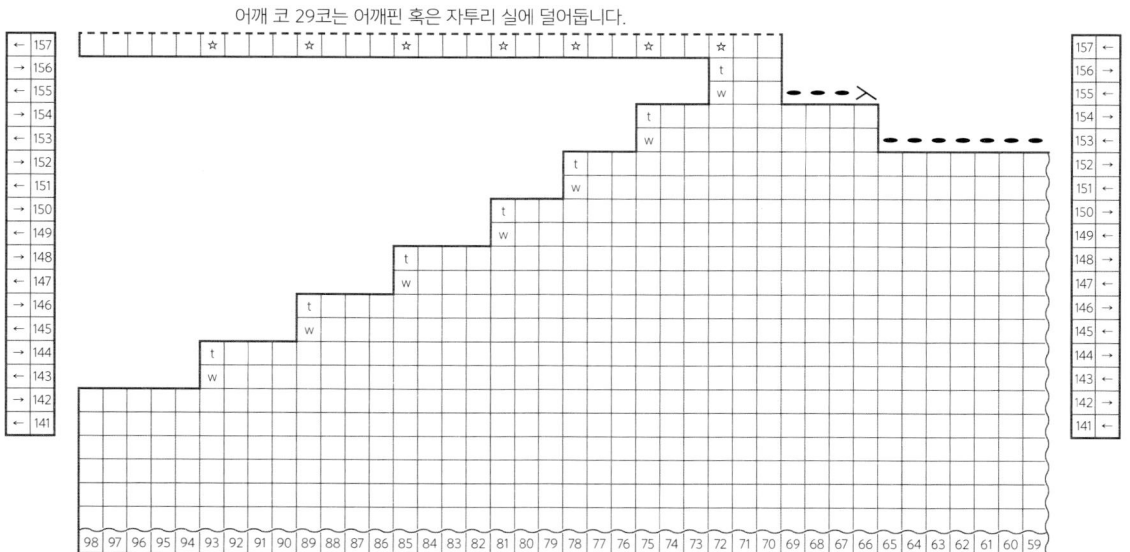

|  | 겉면에서 겉뜨기, 안면에서 안뜨기 | ⊖ | 엎어 코 마무리 |

| t | → 왼쪽 바늘의 첫 번째 코에 실이 감긴 상태로 편물을 반대로 돌린다. |
| w | ← 실을 반대 위치로 보내고 왼쪽 바늘의 가장 첫 코를 오른쪽 바늘에 옮긴 뒤 실을 다시 원래 위치로 보내고 코도 왼쪽 바늘로 옮긴다. |

| ★ | 편물 안쪽을 바라보고 wrap한 코의 감긴 실을 바깥에서 끌어올려 왼쪽 바늘에 걸어준 뒤, 기존의 코와 함께 모아 안뜨기 한다. |
| ☆ | 편물 겉쪽을 바라보고 wrap한 코의 감긴 실의 아래에서부터 들어가 기존의 코와 함께 모아뜨기 한다. |

| ⋏ | 왼코 모아뜨기(두 개의 코를 동시에 겉뜨기) |
| ⋋ | 오른코 모아뜨기(첫 번째 코를 겉뜨기 하듯이 뜨지 않고 넘기고 두 번째 코를 겉뜨기 한 뒤, 넘긴 코를 덮어씌우기) |

## 블루 서머 풀오버 앞판 어깨 경사와 네크라인
- M 사이즈 -

### 왼쪽 어깨

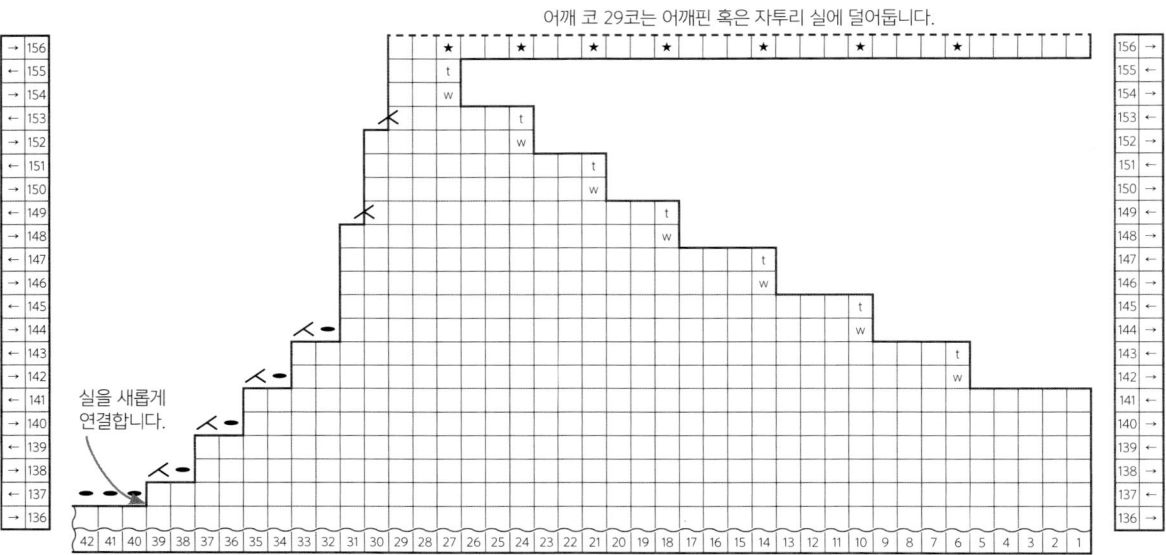

### 오른쪽 어깨

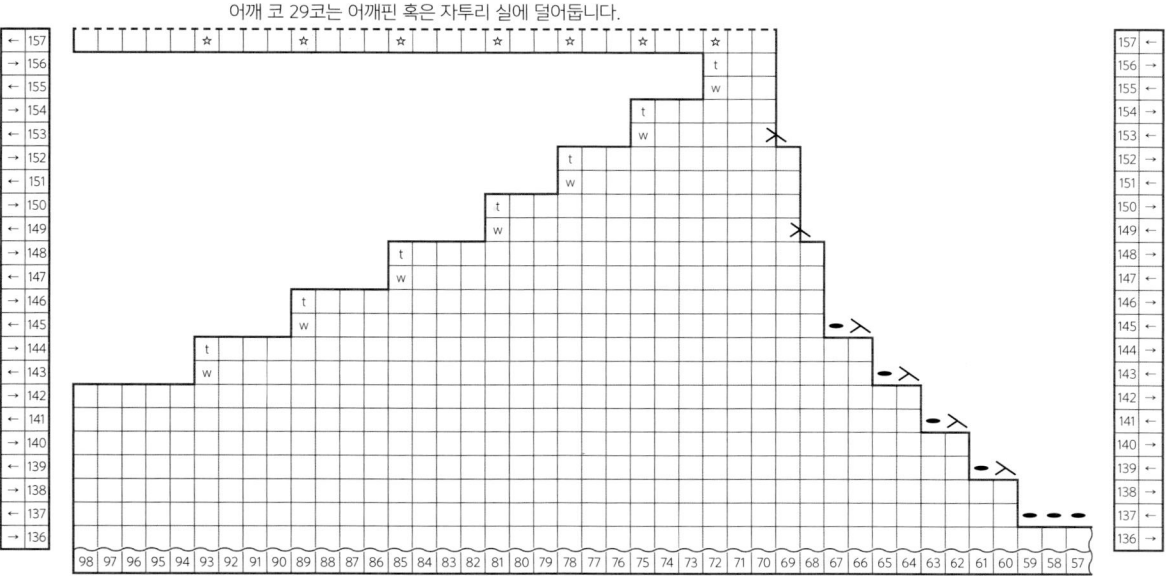

|  | 겉면에서 겉뜨기, 안면에서 안뜨기 | ● | 엎어 코 마무리 |

| t | → 왼쪽 바늘의 첫 번째 코에 실이 감긴 상태로 편물을 반대로 돌린다.
| w | ← 실을 반대 위치로 보내고 왼쪽 바늘의 가장 첫 코를 오른쪽 바늘에 옮긴 뒤 실을 다시 원래 위치로 보내고 코도 왼쪽 바늘로 옮긴다.

| ★ | 편물 안쪽을 바라보고 wrap한 코의 감긴 실을 바깥에서 끌어올려 왼쪽 바늘에 걸어준 뒤, 기존의 코와 함께 모아 안뜨기 한다.
| ☆ | 편물 겉쪽을 바라보고 wrap한 코의 감긴 실의 아래에서부터 들어가 기존의 코와 함께 모아뜨기 한다.

| ⋀ | 왼코 모아뜨기(두 개의 코를 동시에 겉뜨기)
| ⋋ | 오른코 모아뜨기(첫 번째 코를 겉뜨기 하듯이 뜨지 않고 넘기고 두 번째 코를 겉뜨기 한 뒤, 넘긴 코를 덮어씌우기)

## 블루 서머 풀오버 뒷판 어깨 경사와 네크라인
### - L 사이즈 -

M 사이즈 도안을 참고하여 오른쪽 어깨를 토대로 반대편을 완성해주세요.

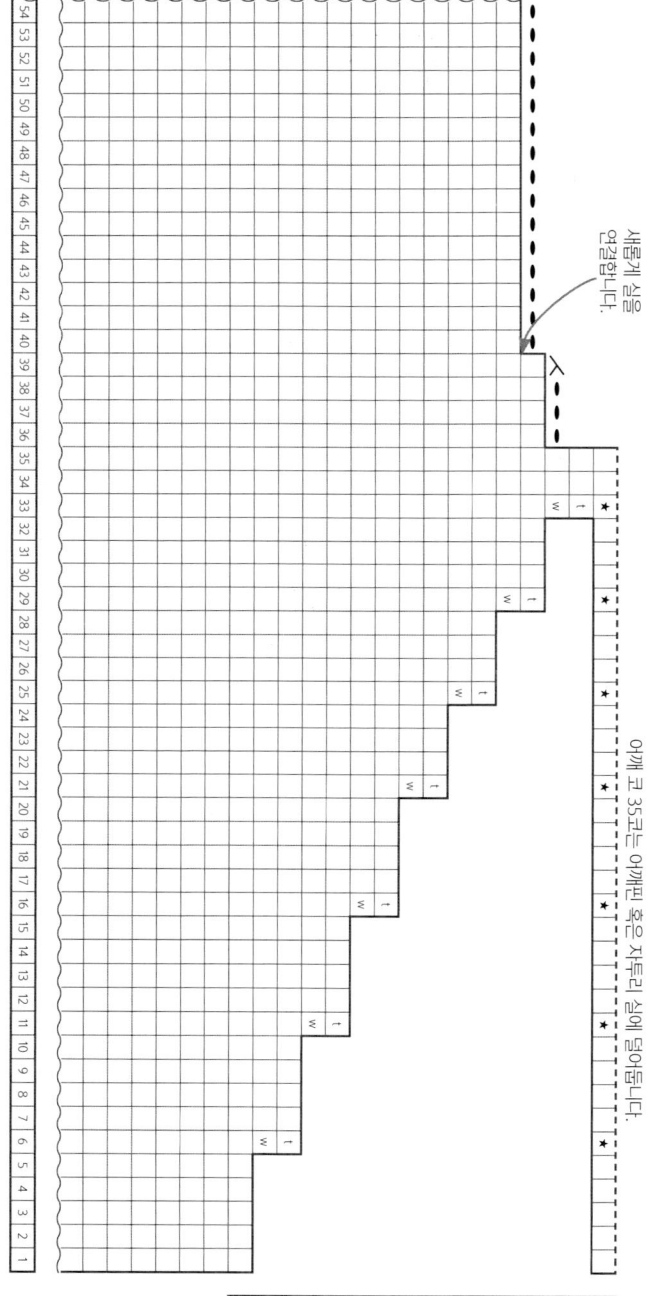

## 블루 서머 풀오버 앞판 어깨 경사와 네크라인

- L 사이즈 -

M 사이즈 도안을 참고하여 왼쪽 어깨를 토대로 반대편을 완성해주세요.

어깨코 35코는 아래편 혹은 자투리 실에 넣어둡니다.

**기호 설명:**

- □ 겉면에서 겉뜨기, 안면에서 안뜨기
- ● 엎어 코 마무리
- t → 왼쪽 바늘의 첫 번째 코에 실이 감긴 상태로 편물을 반대로 돌린다.
- w → 실을 반대로 보내고 왼쪽 바늘의 가장 첫 코를 오른쪽 바늘에 옮긴 뒤 실을 다시 원래 위치로 보내고 코도 왼쪽 바늘로 옮긴다.
- T → 왼쪽 바늘의 첫 번째 코에 실이 한 번 더 감긴 상태로 편물을 반대로 돌린다.
- W → wrap이 되어 있는 코에 한 번 더 wrap한다. 코를 감은 실이 두 가닥이 된다.
- ★ 편물 안쪽을 바라보고 코에 감긴 실을 바깥에서 끌어올려 왼쪽 바늘에 걸어준 뒤, 기존의 코와 함께 모아 안뜨기 한다.
- ☆ 편물 겉쪽을 바라보고 코에 감긴 실이 아래에서부터 들어가 기존의 코와 함께 모아 안뜨기 한다.
- ⋋ 왼코 모아뜨기(두 개의 코를 동시에 겉뜨기)
- ⋌ 오른코 모아뜨기(첫 번째 코를 겉뜨기 하듯이 뜨지 않고 넘기고 두 번째 코를 겉뜨기 한 뒤, 넘긴 코를 덮어씌우기)

## 블루 서머 풀오버 소매 코 줍기와 코 줄임
### - M 사이즈 -

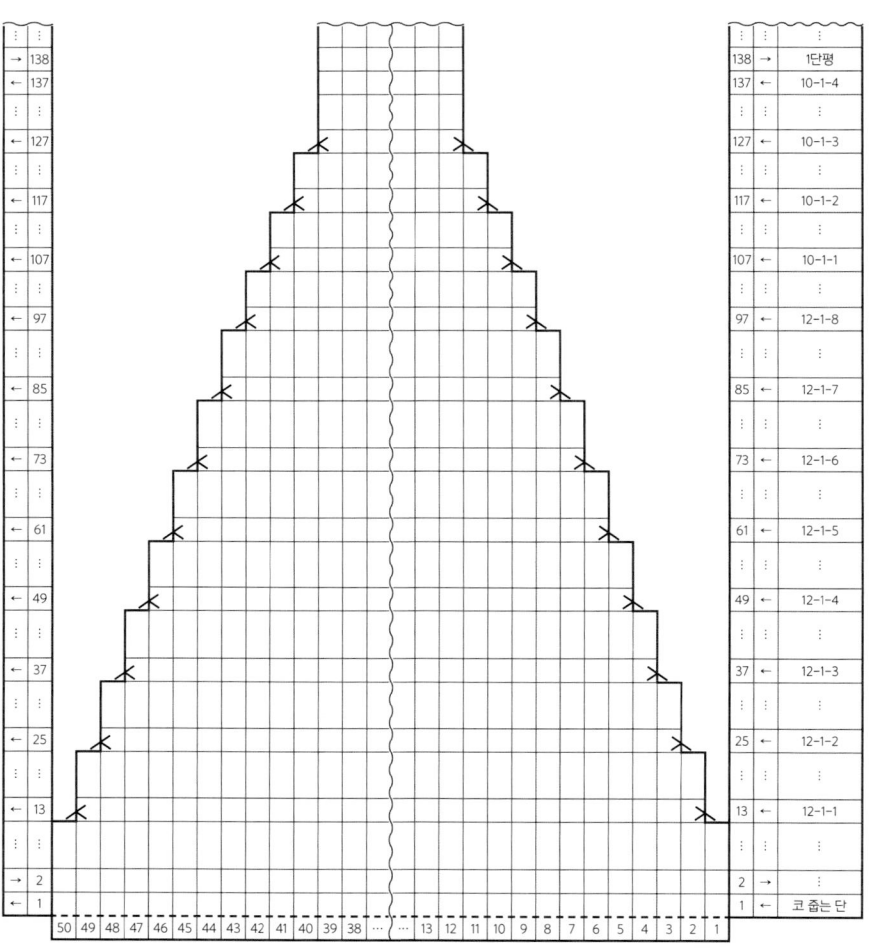

□ 겉면에서 겉뜨기, 안면에서 안뜨기
⋋ 왼코 모아뜨기(두 개의 코를 동시에 겉뜨기)
⋌ 오른코 모아뜨기(첫 번째 코를 겉뜨기 하듯이 뜨지 않고 넘기고 두 번째 코를 겉뜨기 한 뒤, 넘긴 코를 덮어씌우기)

## 블루 서머 풀오버 네크라인 엣징
- M 사이즈 -

### 코 줍는 개수

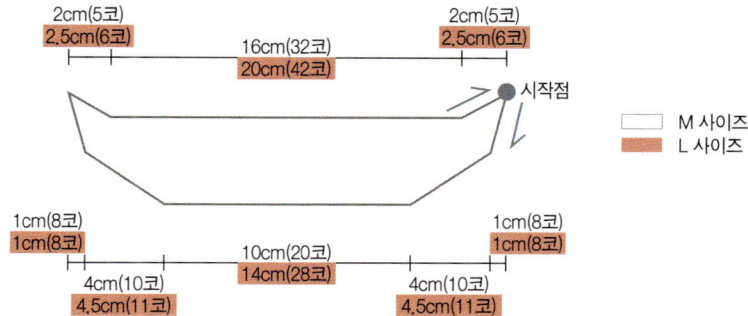

2cm(5코) / 2.5cm(6코)　　16cm(32코) / 20cm(42코)　　2cm(5코) / 2.5cm(6코)

시작점

■ M 사이즈
■ L 사이즈

1cm(8코) / 1cm(8코)　　10cm(20코) / 14cm(28코)　　1cm(8코) / 1cm(8코)
4cm(10코) / 4.5cm(11코)　　　　　　　　　　　　4cm(10코) / 4.5cm(11코)

### 목둘레 엣징 부분(M 사이즈 기준)

| | 98 | 97 | 96 | 95 | 94 | 93 | 92 | 91 | 90 | 89 | 88 | 87 | 86 | … | 12 | 11 | 10 | 9 | 8 | 7 | 6 | 5 | 4 | 3 | 2 | 1 | |
|---|---|---|---|---|---|---|---|---|---|---|---|---|---|---|---|---|---|---|---|---|---|---|---|---|---|---|---|
| 4 | — | — | — | — | — | — | — | — | — | — | — | — | — | … | — | — | — | — | — | — | — | — | — | — | — | — | 4 |
| 3 | — | — | — | — | — | — | — | — | — | — | — | — | — | … | — | — | — | — | — | — | — | — | — | — | — | — | 3 |
| 2 | — | — | — | — | — | — | — | — | — | — | — | — | — | … | — | — | — | — | — | — | — | — | — | — | — | — | 2 |
| 1 | | | | | | | | | | | | | | | | | | | | | | | | | | | 1 |

□ 겉면에서 겉뜨기, 안면에서 안뜨기
⊟ 엎어 코 마무리

SLOWMELODII

# 느린멜로디의
# 서술형 가이드

## 01. 뒷판 뜨기

**1단(겉면)_** 실 끝에서 약 150cm 되는 부분부터 4.0mm 바늘을 이용하여 느슨하게 98코를 만듭니다. 이때 장력 조절이 익숙하지 않다면 기초 코만 한 치수 큰 바늘로 작업하세요.
**2단, 4단(안면)_** 모두 겉뜨기 합니다.
**3단(겉면)_** 모두 안뜨기 합니다.
→ 밑단이 안 메리야스 뜨기로 되어 있습니다.
**5~10단(겉면~안면)_** 메리야스 뜨기를 합니다(겉면은 모두 겉뜨기, 안면은 모두 안뜨기로 작업합니다).
**11~28단(겉면~안면)_** 도안의 배색 차트를 참고하여 배색 무늬를 뜹니다.
이때 포인트가 되는 실은 왼손에, 바탕색은 오른손에 걸거나 양손 쥐기가 어렵다면 모두 한손으로 뜹니다. 이때 포인트가 되는 실이 바탕실보다 아래로 지나가도록 작업합니다.
포인트가 되는 실을 4코 이상 건너뛰게 된다면 바탕실을 뜰 때 한 번 위로 지나가게 하여 지나가는 실이 걸리게 해주세요.
**29~140단(겉면~안면)_** 콧수의 증감 없이 쭉 메리야스 뜨기를 합니다. 중간에 진동 부분이 시작될 81단에 단수 마커를 양옆에 달아주세요.
**141~156단(겉면~안면)_** 어깨의 경사를 넣어주며 네크라인을 동시에 진행합니다.
141단(겉면-겉뜨기)을 뜨고 142단(안면-안뜨기)을 진행하다가 끝에서 6코를 남겨두고 그 6번째 코에 w&t합니다.
**143단(겉면)_** 겉뜨기를 뜨다가 끝에서 6코를 남겨두고 그 6번째 코에 w&t합니다.

**144단(안면)_** 안뜨기를 뜨다가 2단 전에 w&t했던 코를 포함하여 5코를 남기고 그 5번째 코에 w&t합니다.

**145단(겉면)_** 겉뜨기를 뜨다가 2단 전에 w&t했던 코를 포함하여 5코를 남기고 그 5번째 코에 w&t합니다.

144단과 145단의 뜨기를 두 번 더 반복합니다.

**150단(안면)_** 안뜨기를 뜨다가 2단 전에 w&t했던 코를 포함하여 4코를 남기고 그 4번째 코에 w&t합니다.

**151단(겉면)_** 겉뜨기를 뜨다가 2단 전에 w&t했던 코를 포함하여 4코를 남기고 그 4번째 코에 w&t합니다.

**152단(안면)_** 안뜨기를 뜨다가 2단 전에 w&t했던 코를 포함하여 4코를 남기고 그 4번째 코에 w&t합니다.

**153단(겉면-오른쪽 어깨 완성)_** 편물을 돌리고 겉뜨기 9코를 뜬 뒤, 새로운 바늘을 이용하여 다시 편물을 돌려 뒷판의 네크라인과 오른쪽 어깨를 완성합니다.

**154단(안면)_** 첫 코를 안뜨기 방향으로 뜨지 않고 넘겨 두 번째 코에서 안뜨기 한 뒤, 첫 번째 코를 덮어씌웁니다. 그 뒤로도 3코를 더 안뜨기로 코를 엎어주세요(총 4코 감소).

그다음 안뜨기를 뜨다가 2단 전에 w&t했던 코를 포함하여 4코를 남기고 그 4번째 코에 w&t합니다.

**155단(겉면)_** 모두 겉뜨기 합니다.

**156단(안면)_** w&t했던 코를 정리하며 안뜨기로 마무리합니다.

→ 안뜨기 단에서의 w&t 코 정리는 wrap한 코를 왼쪽 바늘에 올려 생긴 두 줄을 동시에 안뜨기 합니다. 모두 정리한 뒤 남은 29개의 코를 어깨핀이나 여분의 실에 덜어둡니다(이때 실 꼬리는 편물 길이의 4배 정도 남기고 자릅니다).

**153단(겉면-나머지 네크라인과 왼쪽 어깨 완성)_** 기존 바늘에 걸려 있던 제일 처음 코의 바로 오른쪽 코였던 루프를 찾아 새롭게 실을 연결하여 1코를 늘려줍니다. 왼쪽 바늘의 코 하나를 겉뜨기 하고 방금 늘어난 코로 덮어씌웁니다.

32코를 엎어 코 마무리를 하고 쭉 겉뜨기로 작업하다가 2단 전에 w&t했던 코를 포함하여 4코를 남기고 그 4번째 코에 w&t합니다.

**154단(안면)_** 모두 안뜨기 합니다.

**155단(겉면)_** 첫 코를 겉뜨기 방향으로 뜨지 않고 넘기고 두 번째 코를 겉뜨기한 뒤, 첫 번째 코를 덮어씌웁니다. 그 뒤로도 3코를 더 겉뜨기로 코를 엎어주세요(총 4코 감소).

그다음 겉뜨기를 뜨다가 2단 전에 w&t했던 코를 포함하여 4코를 남기고 그 4번째 코에 w&t합니다.

**156단(안면)_** 모두 안뜨기 합니다.

**157단(겉면)_** w&t했던 코를 정리하며 겉뜨기로 마무리합니다.

→ 겉뜨기 단에서의 w&t 코 정리는 wrap한 루프와 wrap된 코에 아래에서부터 겉뜨기 방향으로 바늘을 넣고 두 줄을 동시에 겉뜨기 합니다.

모두 정리한 뒤 남은 29개의 코를 어깨핀이나 여분의 실에 덜어둡니다(이때 실 꼬리는 마무리할 수 있을 정도만 남기고 자릅니다).

## 02. 앞판 뜨기

1~136단(겉면~안면)은 뒷판과 동일하게 작업합니다.

**137단(겉면-왼쪽 어깨 완성)_** 겉뜨기 39코를 뜬 뒤, 새로운 바늘을 이용하여 다시 편물을 돌려 앞판의 네크라인과 왼쪽 어깨를 완성합니다.

**138단(안면)_** 첫 코를 안뜨기 방향으로 뜨지 않고 넘기고 두 번째 코를 안뜨기 한 뒤, 첫 번째 코를 덮어씌웁니다. 그 뒤로도 1코를 더 안뜨기로 코를 엎어주세요(총 2코 감소).

남은 코는 모두 안뜨기 합니다.

**139단(겉단)_** 모두 겉뜨기 합니다.

**140~141단(안면~겉면)_** 직전 2단과 동일하게 작업합니다.

**142단(안면)_** 138단과 동일하게 작업하다가 끝에서 6코를 남겨두고 그 6번째 코에 w&t합니다.

**143단(겉면)_** 모두 겉뜨기 합니다.

**144단(안면)_** 142단과 동일하게 작업하다가 2단 전에 w&t했던 코를 포함하여 5코를 남기고 그 5번째 코에 w&t합니다.

**145단(겉면)_** 모두 겉뜨기 합니다.

**146단(안면)_** 모두 안뜨기로 작업하다가 2단 전에 w&t했던 코를 포함하여 5코를 남기고 그 5번째 코에 w&t합니다.

**147단(겉면)_** 모두 겉뜨기 합니다.

**148단(안면)_** 모두 안뜨기로 작업하다가 2단 전에 w&t했던 코를 포함하여 5코를 남기고 그 5번째 코에 w&t합니다.

**149단(겉면)_** 모두 겉뜨기로 작업하다가 마지막 2코는 왼코 모아뜨기 합니다.

**150단(안면)**_ 모두 안뜨기로 작업하다가 2단 전에 w&t했던 코를 포함하여 4코를 남기고 그 4번째 코에 w&t합니다.

**151단(겉면)**_ 모두 겉뜨기 합니다.

**152단(안면)**_ 모두 안뜨기로 작업하다가 2단 전에 w&t했던 코를 포함하여 4코를 남기고 그 4번째 코에 w&t합니다.

**153단(겉면)**_ 모두 겉뜨기로 작업하다가 마지막 2코는 왼코 모아뜨기 합니다.

**154단(안면)**_ 모두 안뜨기로 작업하다가 2단 전에 w&t했던 코를 포함하여 4코를 남기고 그 4번째 코에 w&t합니다.

**155단(겉면)**_ 모두 겉뜨기 합니다.

**156단(안면)**_ w&t했던 코를 정리하며 안뜨기로 마무리합니다.

→ 안뜨기 단에서의 w&t 코 정리는 wrap한 코를 왼쪽 바늘에 올려 생긴 두 줄을 동시에 안뜨기 합니다. 모두 정리한 뒤 남은 29개의 코를 어깨핀이나 여분의 실에 덜어둡니다(이때 실 꼬리는 편물 길이의 4배 정도 남기고 자릅니다).

**137단(겉면- 나머지 네크라인과 오른쪽 어깨 완성)**_ 기존 바늘에 걸려 있던 제일 처음 코의 바로 오른쪽 코였던 루프를 찾아 새롭게 실을 연결하여 1코를 늘려줍니다. 왼쪽 바늘의 코 하나를 겉뜨기 하고 방금 늘어난 코로 덮어씌웁니다.

20코를 엎어 코를 마무리하고 나머지 코는 모두 겉뜨기 합니다.

**138단(안면)**_ 모두 안뜨기 합니다.

**139단(겉면)**_ 첫 코를 겉뜨기 방향으로 뜨지 않고 넘기고 두 번째 코를 겉뜨기 한 뒤, 첫 번째 코를 덮어씌웁니다. 그 뒤로도 1코를 더 겉뜨기로 코를 엎어주세요(총 2코 감소).

남은 코는 모두 겉뜨기 합니다.

**140단(안면)**_ 모두 안뜨기 합니다.

**141~142단(겉면~안면)**_ 직전 2단과 동일하게 작업합니다.

**143단(겉면)**_ 139단과 동일하게 작업하다가 끝에서 6코를 남겨두고 그 6번째 코에 w&t합니다.

**144단(안면)**_ 모두 안뜨기 합니다.

**145단(겉면)**_ 143단과 동일하게 작업하다가 2단 전에 w&t했던 코를 포함하여 5코를 남기고 그 5번째 코에 w&t합니다.

**146단(안면)**_ 모두 안뜨기 합니다.

**147단(겉면)**_ 모두 겉뜨기로 작업하다가 2단 전에 w&t했던 코를 포함하여 5코를 남기고 그 5번째 코에 w&t합니다.

**148단(안면)**_ 모두 안뜨기 합니다.

**149단(겉면)**_ 첫 코를 겉뜨기 방향으로 뜨지 않고 넘기고 두 번째 코를 겉뜨기한 뒤, 첫 번째 코를 덮어씌웁니다. 남은 코를 겉뜨기로 작업하다가 2단 전에 w&t했던 코를 포함하여 5코를 남기고 그 5번째 코에 w&t합니다.

**150단(안면)**_ 모두 안뜨기 합니다.

**151단(겉면)_** 모두 겉뜨기로 작업하다가 2단 전에 w&t했던 코를 포함하여 4코를 남기고 그 4번째 코에 w&t합니다.

**152단(안면)_** 모두 안뜨기 합니다.

**153단(겉면)_** 첫 코를 겉뜨기 방향으로 뜨지 않고 넘기고 두 번째 코를 겉뜨기한 뒤, 첫 번째 코를 덮어씌웁니다. 남은 코를 겉뜨기로 작업하다가 2단 전에 w&t했던 코를 포함하여 5코를 남기고 그 5번째 코에 w&t합니다.

**154단(안면)_** 모두 안뜨기 합니다.

**155단(겉면)_** 모두 겉뜨기로 작업하다가 2단 전에 w&t했던 코를 포함하여 4코를 남기고 그 4번째 코에 w&t합니다.

**156단(안면)_** 모두 안뜨기 합니다.

**157단(겉면)_** w&t했던 코를 정리하며 겉뜨기로 마무리합니다.

→ 겉뜨기 단에서의 w&t 코 정리는 wrap한 루프와 wrap된 코에 아래에서부터 겉뜨기 방향으로 바늘을 넣고 두 줄을 동시에 겉뜨기 합니다.

모두 정리한 뒤 남은 29개의 코를 어깨핀이나 여분의 실에 덜어둡니다(이때 실 꼬리는 마무리할 수 있는 정도만 남기고 자릅니다).

## 03. 앞, 뒤판 어깨 연결하기

편물을 다리미의 스팀 기능을 이용하여 고르게 펴준 뒤 겉끼리 마주 포개어 어깨 코를 잇습니다. 이때 뒷판을 아래로 가게 둡니다.

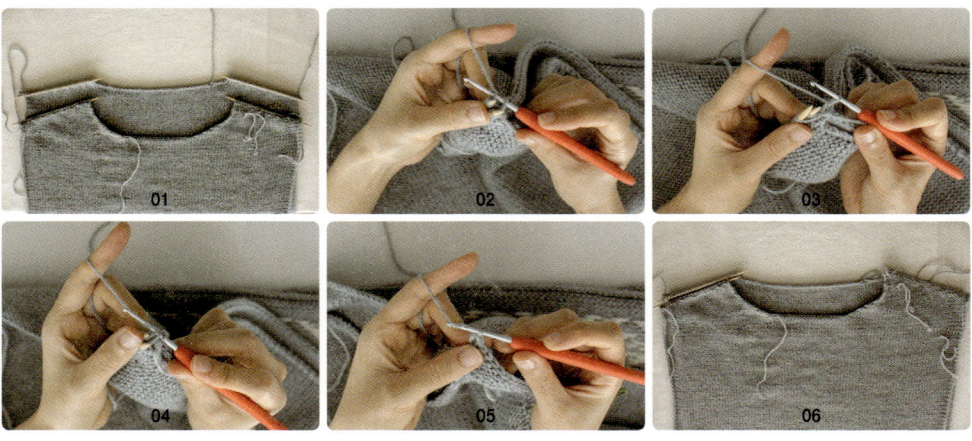

코바늘을 이용하여 앞판 코 → 뒷판 코 순서로 바늘을 넣어 실을 걸어 한꺼번에 빼냅니다. 29개의 코를 모두 빼뜨기 하며 빼내온 뒤, 마지막 한 번 더 실을 빼내어 매듭짓습니다.

## 04. 소매 뜨기 (동일하게 2개 작업)

소매 지점을 표시해둔 마커와 마커의 사이에서 소매 코 74코를 줍습니다. 코를 주울 때는 한 치수 작은 바늘을 사용합니다.

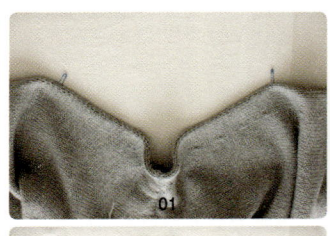
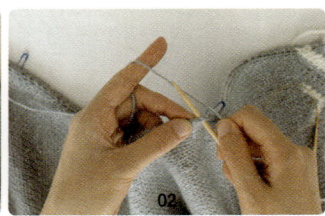
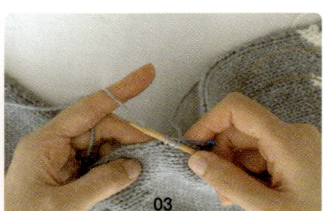
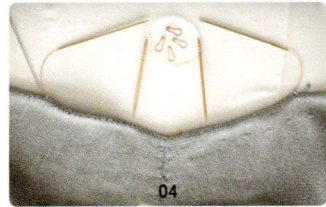

**1단(겉면)**_ 총 120단에서 74개의 코를 줍는데 코와 코 사이에 적절히 간격을 띄우고 주워 주세요.
**2~12단(안면~안면)**_ 메리야스 뜨기를 합니다.
**13단(겉면)**_ 첫 코를 겉뜨기 방향으로 뜨지 않고 넘겨 두 번째 코를 겉뜨기 한 뒤, 첫 번째 코를 덮어씌웁니다. 남은 코를 모두 겉뜨기하다가 마지막 2코를 한꺼번에 겉뜨기 합니다.
**14~24단(안면)**_ 메리야스 뜨기를 합니다.
**25단(겉면)**_ 13단과 같은 방법으로 작업합니다.
138단(안면)까지 코 줄임과 메리야스 단을 반복합니다.
**139~152단(겉면~안면)**_ 배색 차트를 참고하여 배색 무늬를 뜹니다.
이때 포인트가 되는 실은 왼손에, 바탕색은 오른손에 걸거나 양손 쥐기가 어렵다면 모두 한손으로 뜨되 포인트가 되는 실이 바탕실보다 아래로 지나가도록 작업합니다.
포인트가 되는 실을 4코 이상 건너뛰게 된다면 바탕실을 뜰 때 한 번 위로 지나가게 하여 지나가는 실이 걸리게 해주세요.
**153~158단(겉면~안면)**_ 메리야스 뜨기를 합니다.
**159~161단(겉면~겉면)**_ 겉에서 바라봤을 때 모두 안뜨기 편물이 나오도록 안메리야스 뜨기를 합니다.
**162단(안면)**_ 안뜨기를 하면서 코를 엎어주세요.

## 05. 옆선 잇기

앞, 뒤판을 시작으로 소매 끝까지 좌우 대칭을 맞춰 싱커 루프에 실을 걸어 옆선을 연결합니다.

## 06. 네크라인 완성하기

**1단(코 줍기)**_ 도안을 참고하여 왼쪽 어깨 연결선부터 앞 네크라인 쪽을 향하여 코를 줍습니다. 코를 주을 때는 한 치수 작은 3.5mm 바늘을 사용합니다.

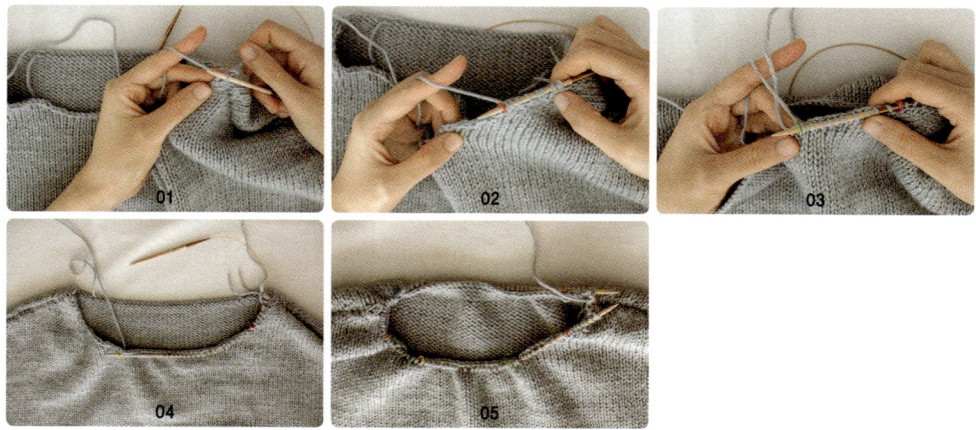

**2~4단(겉면)_** 원통으로 연결하여 모두 안뜨기로 3단 진행합니다. 이후, 겉뜨기로 코를 엎어 네크라인을 완성해주세요. 마지막에 루프 모양으로 연결하여 자연스럽게 마무리합니다.

## 07. 마무리하기

여기저기 정리되지 않은 실 꼬리를 뾰족한 돗바늘을 이용해 감춰주세요.
이음새 안쪽의 실 꼬리와 편물 중간의 실 꼬리는 마무리 방법이 다르므로 사진을 참고해주세요.

 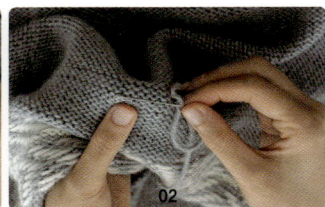 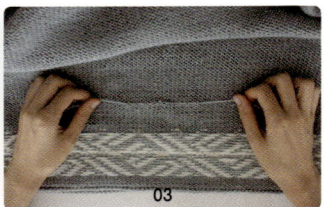

느린멜로디의
대바늘 손뜨개 수업

**초판 1쇄 발행** 2019년 12월 30일
**초판 2쇄 발행** 2021년 6월 5일

**지은이** 백혜선
**펴낸이** 이지은
**펴낸곳** 팜파스
**기획·진행** 이진아
**편집** 정은아
**사진** 백혜선, 펑지담
**디자인** 박진희
**마케팅** 김민경, 김서희
**인쇄** 케이피알커뮤니케이션

**출판등록** 2002년 12월 30일 제10-2536호
**주소** 서울시 마포구 어울마당로5길 18 팜파스빌딩 2층
**대표전화** 02-335-3681    **팩스** 02-335-3743
**홈페이지** www.pampasbook.com | blog.naver.com/pampasbook
**페이스북** www.facebook.com/pampasbook2018
**인스타그램** www.instagram.com/pampasbook
**이메일** pampas@pampasbook.com

값 20,000원
ISBN 979-11-7026-314-2 13590

ⓒ 2019, 백혜선

- 이 책의 일부 내용을 인용하거나 발췌하려면 반드시 저작권자의 동의를 얻어야 합니다.
- 잘못된 책은 바꿔 드립니다.

이 책에 나오는 작품은 저자의 소중한 작품입니다.
작품에 대한 저작권은 저자에게 있으며 2차 수정·도용·상업적 용도·수업 용도의 사용을 금합니다.

이 도서의 국립중앙도서관 출판예정도서목록(CIP)은 서지정보유통지원시스템 홈페이지(http://seoji.nl.go.kr)와 국가자료공동목록시스템(http://www.nl.go.kr/kolisnet)에서 이용하실 수 있습니다.(CIP제어번호: CIP2019048342)